全国计算机技术与软件专业技术资格(水平)考试指定用书

信息系统管理工程师
2018至2022年试题分析与解答

计算机技术与软件专业技术资格考试研究部 主编

清华大学出版社
北京

内 容 简 介

信息系统管理工程师考试是计算机技术与软件专业技术资格（水平）考试的中级职称考试，是历年各级考试报名的热点之一。本书汇集了从 2018 上半年到 2022 下半年的所有试题和权威的解析，欲参加考试的考生认真读懂本书的内容后，将会更加深入理解考试的出题思路，发现自己的知识薄弱点，使学习更加有的放矢，对提升通过考试的信心会有极大的帮助。

本书适合参加信息系统管理工程师考试的考生备考使用。

版权所有，侵权必究。举报：010-62782989，beiqinquan@tup.tsinghua.edu.cn。

图书在版编目（CIP）数据

信息系统管理工程师 2018 至 2022 年试题分析与解答 / 计算机技术与软件专业技术资格考试研究部主编.
北京 ：清华大学出版社, 2024.8. -- (全国计算机技术与软件专业技术资格（水平）考试指定用书).
ISBN 978-7-302-67071-1

Ⅰ . C931.6-44

中国国家版本馆 CIP 数据核字第 20242NU788 号

责任编辑：杨如林　　邓甄臻
封面设计：杨玉兰
责任校对：胡伟民
责任印制：宋　林

出版发行：清华大学出版社
网　　址：https://www.tup.com.cn，https://www.wqxuetang.com
地　　址：北京清华大学学研大厦 A 座　　邮　编：100084
社 总 机：010-83470000　　邮　购：010-62786544
投稿与读者服务：010-62776969，c-service@tup.tsinghua.edu.cn
质量反馈：010-62772015，zhiliang@tup.tsinghua.edu.cn

印 装 者：大厂回族自治县彩虹印刷有限公司
经　　销：全国新华书店
开　　本：185mm×230mm　　印　张：13　　防伪页：1　　字　数：330 千字
版　　次：2024 年 8 月第 1 版　　印　次：2024 年 8 月第 1 次印刷
定　　价：49.00 元

产品编号：103169-01

前　言

根据国家有关的政策性文件，全国计算机技术与软件专业技术资格（水平）考试（以下简称"计算机软件考试"）已经成为计算机软件、计算机网络、计算机应用、信息系统、信息服务领域高级工程师、工程师、助理工程师（技术员）国家职称资格考试。而且，根据信息技术人才年轻化的特点和要求，报考这种资格考试不限学历与资历条件，以不拘一格选拔人才。现在，软件设计师、程序员、网络工程师、数据库系统工程师、系统分析师、系统架构设计师和信息系统项目管理师等资格的考试标准已经实现了中国与日本互认，程序员和软件设计师等资格的考试标准已经实现了中国和韩国互认。

计算机软件考试规模发展很快，年报考规模已超过 100 万人，至今累计报考人数超过 900 万。

计算机软件考试已经成为我国著名的 IT 考试品牌，其证书的含金量之高已得到社会的公认。计算机软件考试的有关信息见网站 www.ruankao.org.cn 中的资格考试栏目。

对考生来说，学习历年试题分析与解答是理解考试大纲的最有效、最具体的途径之一。

为帮助考生复习备考，计算机技术与软件专业技术资格考试研究部汇集了信息系统管理工程师 2018 至 2022 年的试题分析与解答，以便于考生测试自己的水平，发现自己的弱点，更有针对性、更系统地学习。

计算机软件考试的试题质量高，包括了职业岗位所需的各个方面的知识和技术，不但包括技术知识，还包括法律法规、标准、专业英语、管理等方面的知识；不但注重广度，而且还有一定的深度；不但要求考生具有扎实的基础知识，还要具有丰富的实践经验。

这些试题中，包含了一些富有创意的试题，一些与实践结合得很好的试题，一些富有启发性的试题，具有较高的社会引用率，对学校教师、培训指导者、研究工作者都是很有帮助的。

由于编者水平有限，时间仓促，书中难免有错误和疏漏之处，诚恳地期望各位专家和读者批评指正，对此，我们将深表感激。

编者
2024 年 4 月

目 录

第 1 章　2018 上半年信息系统管理工程师上午试题分析与解答 1
第 2 章　2018 上半年信息系统管理工程师下午试题分析与解答 28
第 3 章　2019 上半年信息系统管理工程师上午试题分析与解答 39
第 4 章　2019 上半年信息系统管理工程师下午试题分析与解答 67
第 5 章　2020 下半年信息系统管理工程师上午试题分析与解答 80
第 6 章　2020 下半年信息系统管理工程师下午试题分析与解答 109
第 7 章　2021 下半年信息系统管理工程师上午试题分析与解答 121
第 8 章　2021 下半年信息系统管理工程师下午试题分析与解答 149
第 9 章　2022 下半年信息系统管理工程师上午试题分析与解答 161
第 10 章　2022 下半年信息系统管理工程师下午试题分析与解答 191

第1章 2018上半年信息系统管理工程师上午试题分析与解答

试题（1）

中央处理器（CPU）中的控制器部分不包含__(1)__。

(1) A．程序计数器（PC）　　　　　　B．指令寄存器（IR）
　　C．算逻运算部件（ALU）　　　　　D．指令译码器

试题（1）分析

本题考查计算机系统硬件知识。

中央处理器是计算机系统中硬件部分的一个核心部件，主要包括控制单元（控制器）、运算单元（运算器）和寄存器组，其中控制单元根据程序计数器给出的指令地址从内存读取指令，先将读取到的指令暂存在指令寄存器中，然后用指令译码器进行分析，最后通过发出相应的控制命令来完成指令的执行。其中，程序计数器、指令寄存器和指令译码器都属于控制器的组成部分。

参考答案

(1) C

试题（2）

以下关于 GPU 的叙述中，错误的是__(2)__。

(2) A．GPU 是 CPU 的替代产品
　　B．GPU 目前大量用在比特币的计算方面
　　C．GPU 采用单指令流多数据流计算架构
　　D．GPU 擅长进行大规模并发计算

试题（2）分析

本题考查计算机系统硬件知识。

CPU 和 GPU 有不同的设计目标，分别针对不同的应用场景。

CPU 虽然有多核，每个核都有足够大的缓存和足够多的数字和逻辑运算单元，但是需要很强的通用性来处理各种不同的数据类型，同时又要逻辑判断又会引入大量的分支跳转和中断的处理。这些都使得 CPU 的内部结构异常复杂。

GPU 的核数远超 CPU，被称为众核（NVIDIA Fermi 有 512 个核）。每个核拥有的缓存相对较小，数字逻辑运算单元也少而简单（GPU 初始时在浮点计算上一直弱于 CPU），面对的则是类型高度统一的、相互无依赖的大规模数据和不需要被打断的纯净的计算环境。

参考答案

(2) A

试题（3）

计算机在执行程序指令时，将指令的执行过程分为若干个子过程，每个子过程与其他子过程并行进行，这种处理属于__(3)__技术。

(3) A．云计算　　　　B．大数据　　　　C．流水线　　　　D．冗余设计

试题（3）分析

本题考查计算机系统知识。

云计算（Cloud Computing）是基于互联网的相关服务的增加、使用和交付模式，通常涉及通过互联网来提供动态易扩展且经常是虚拟化的资源。云是网络、互联网的一种比喻说法。

大数据（Big Data）是巨量数据的集合，无法在一定时间范围内用常规软件工具进行捕捉、管理和处理的数据集合，是需要新处理模式才能具有更强的决策力、洞察发现力和流程优化能力的海量、高增长率和多样化的信息资产。

从技术上看，大数据与云计算的关系就像一枚硬币的正反面一样密不可分。大数据必然无法用单台的计算机进行处理，必须采用分布式架构。它的特色在于对海量数据进行分布式数据挖掘。但它必须依托云计算的分布式处理、分布式数据库和云存储、虚拟化技术。

流水线又称为装配线，是一种工业上的生产方式，指每一个生产单位只专注处理某一个片段的工作，以提高工作效率及产量。

参考答案

(3) C

试题（4）

在计算机系统的存储层次结构中，能被 CPU 中的计算单元和控制单元以最快速度来使用的是__(4)__。

(4) A．高速缓存（Cache）　　　　B．主存储器（DRAM）
　　C．闪存（Flash Memory）　　　D．寄存器（Registers）

试题（4）分析

本题考查计算机存储系统知识。

寄存器是 CPU 中的存储单元，存储速度比高速缓存 Cache 和主存都要快。

参考答案

(4) D

试题（5）

固态硬盘采用__(5)__来存储信息。

(5) A．磁盘存储器　　　　　　　B．半导体存储器
　　C．光盘存储器　　　　　　　D．虚拟存储器

试题（5）分析

本题考查计算机存储系统知识。

目前广泛使用的固态硬盘采用半导体存储器来存储信息，可作为计算机系统的硬盘来使用，与采用磁存储器的传统机械硬盘相比，体积更小、重量更轻，同时具有更快的访问速度。

参考答案

（5）B

试题（6）

如果在 n 位数据中增加 1 位偶校验位进行传输，那么接收方收到的 $n+1$ 位二进制信息中，__(6)__ 。

（6）A．有 1 位出错时可以找出错误位置

B．有 1 位出错时可以发现传输错误但不能确定出错位置

C．n 个数据位中有偶数个位出错时，可以检测出传输错误并确定出错位置

D．n 个数据位中有奇数个位出错时，可以检测出传输错误并确定出错位置

试题（6）分析

本题考查计算机中的数据校验知识。

采用偶校验的数据传输过程中，如果有 1 位或奇数个位出错（0 变成 1 或者 1 变成 0），都将导致被校验的二进制序列中 1 的个数的奇偶性发生变化，但是无法确定是哪一位或哪些位出错。

参考答案

（6）B

试题（7）

计算机程序的三种基本控制结构是顺序、选择和 __(7)__ 。

（7）A．循环　　　　B．递归　　　　C．函数调用　　　　D．动态绑定

试题（7）分析

本题考查计算机程序设计基础知识。

计算机程序的三种基本控制结构是顺序结构、分支（或选择）结构和循环结构，任何程序的处理逻辑总能够分解为这三种基本结构。

参考答案

（7）A

试题（8）

在编译过程中，将源程序通过扫描程序（或词法分析程序）进行处理的结果称为 __(8)__ 。

（8）A．中间代码　　B．目标代码　　C．语法树　　　　D．记号

试题（8）分析

本题考查计算机程序语言基础知识。

以编译方式将源程序翻译为机器语言的过程中，需要进行词法分析、语法分析、语义分析、中间代码生成、代码优化和目标代码生成等阶段，其中词法分析是唯一与源程序打交道的阶段，它通过扫描构成源程序的字符序列，将构成语义的一个个记号（即单词、常数、符号等）分析出来，供语法分析阶段使用。

参考答案

（8）D

试题（9）

数据是程序操作的对象，具有类型、名称、存储类别、作用域和生存期等属性，其中，__(9)__ 说明数据占用内存的时间范围。

(9) A．存储类别　　　B．生存期　　　C．作用域　　　D．类型

试题（9）分析

本题考查计算机程序语言基础知识。

数据的存储类别说明了其在内存中所占用的存储区域，不同内存区域的管理方式是不同的。作用域说明数据在代码中可以访问的代码范围，生存期是指数据占用内存的时间范围。

参考答案

(9) B

试题（10）

假设某树有 n 个结点，则其中连接结点的分支数目为 __(10)__ 。

(10) A．$n–1$　　　B．n　　　C．$n+1$　　　D．$n/2$

试题（10）分析

本题考查计算机科学基础部分的数据结构知识。

树由若干结点组成，其中有且仅有一个结点称为根结点，除了根结点之外，其余的结点都有唯一的父亲结点，每个结点都与其父亲结点之间通过一条分支连接。根结点没有父亲，因此，n 个结点中的 $n–1$ 个结点有分支。

参考答案

(10) A

试题（11）

在 Web 中，各种媒体按照超链接的方式组织，承担超链接任务的计算机语言是 __(11)__ 。

(11) A．SGML　　　B．XML　　　C．HTML　　　D．VRML

试题（11）分析

本题考查计算机程序语言基础知识。

SGML（标准通用标记语言）是一种定义电子文档结构和描述其内容的国际标准语言。SGML 提供了异常强大的工具，同时具有极好的扩展性，因此在数据分类和索引中非常有用；SGML 是所有电子文档标记语言的起源，早在万维网发明之前就已存在。

XML（可扩展标记语言）是标准通用标记语言的子集，是一种用于标记电子文件使其具有结构性的标记语言。

HTML（超文本标记语言）是 WWW 的描述语言，由 Tim Berners-lee 提出，HTML 命令可以说明文字、图形、动画、声音、表格、链接等，可以把存放在不同计算机中的媒体方便地联系在一起，形成有机的整体。

VRML（虚拟现实建模语言）是一种用于建立真实世界的场景模型或人们虚构的三维世界的场景建模语言，具有平台无关性。

参考答案

(11) C

试题（12）

在 Windows 资源管理器中，若要选择窗口中离散的文件，在缺省设置下，可以先选择一个文件，然后按住__（12）__。

(12) A．Ctrl 键不放，并用鼠标右键单击要选择的文件
　　　B．Ctrl 键不放，并用鼠标左键单击要选择的文件
　　　C．Shift 键不放，并用鼠标右键单击要选择的文件
　　　D．Shift 键不放，并用鼠标左键单击要选择的文件

试题（12）分析

在 Windows 资源管理器中，若要选择窗口中离散的文件，可以先选择一个图标，然后按住 Ctrl 键不放，并用鼠标左键单击要选择的文件即可；若要选择窗口中连续的文件，可以先选择一个图标，然后按住 Shift 键不放，并用鼠标左键单击要选择的文件即可。

参考答案

（12）B

试题（13）

在 Windows 系统中，以下关于文件的说法正确的是__（13）__。

(13) A．文件一旦保存后则不能被删除　　B．文件必须占用磁盘的连续区域
　　　C．扩展名为"xls"的是可执行文件　　D．不同文件夹下的文件允许同名

试题（13）分析

选项 A 是错误的，用户的文件一旦保存后仍然可以被删除；选项 B 是错误的，Windows 文件管理中文件可以不占用连续的磁盘区域；选项 C 是错误的，因为扩展名为"xls"的是 Microsoft Office Excel 文件；选项 D 是正确的，因为在 Windows 系统中，不同文件夹下的文件允许同名。

参考答案

（13）D

试题（14）

若某文件系统的目录结构如下图所示，假设用户要访问文件 rw.dll，且当前工作目录为 swtools，则该文件的相对路径和绝对路径分别为__（14）__。

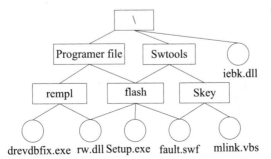

(14) A．\swtools \flash\和\flash\　　　　B．flash\和\swtools\flash\
　　　C．\swtools \flash\和 flash\　　　　D．\flash\和 swtools \flash\

试题（14）分析

本题考查操作系统的文件管理基础知识。

按查找文件的起点不同可以将路径分为绝对路径和相对路径。从根目录开始的路径称为绝对路径；从用户当前工作目录开始的路径称为相对路径。显然，相对路径是随着当前工作目录的变化而改变的。

参考答案

（14）B

试题（15）

数据库通常是指有组织地、动态地存储在＿（15）＿。

（15）A．内存上的相互联系的数据的集合
　　　B．内存上的相互无关的数据的集合
　　　C．外存上的相互联系的数据的集合
　　　D．外存上的相互无关的数据的集合

试题（15）分析

本题考查数据库系统的基本概念。

数据库（DataBase，DB）是指长期储存在计算机外存上的、有组织的、可共享并相互联系的数据集合。数据库中的数据按一定的数学模型组织、描述和储存，具有较小的冗余度，较高的数据独立性和易扩展性，并可被各种用户共享。

应用数据库系统是为了管理大量信息，给用户提供数据的抽象视图，即系统隐藏有关数据存储和维护的某些细节，其主要的目的是解决多用户对数据的共享问题。

参考答案

（15）C

试题（16）

在数据库管理系统中，视图是一个＿（16）＿。

（16）A．真实存在的表，保存了待查询的数据
　　　B．真实存在的表，只有部分数据来源于基本表
　　　C．虚拟表，查询时只能从一个基本表中导出的表
　　　D．虚拟表，查询时可以从一个或者多个基本表或视图中导出的表

试题（16）分析

本题考查数据库系统基础知识。

在数据库系统中，当视图创建完毕后，数据字典中存放的是视图定义。视图是从一个或者多个表或视图中导出的表，其结构和数据是建立在对表的查询基础上的，与真实的表一样，视图也包括几个被定义的数据列和多个数据行。但从本质上讲，这些数据列和数据行来源于其所引用的表。因此，视图不是真实存在的基本表，而是一个虚拟表，视图所对应的数据并不实际地以视图结构存储在数据库中，而是存储在视图所引用的基本表中。

参考答案

（16）D

试题（17）

关系数据库是 __(17)__ 的集合，它由一个或多个关系模式定义。

（17）A．表　　　　　B．列　　　　　C．字段　　　　　D．元组

试题（17）分析

本题考查关系数据库基础知识。

关系数据库系统采用关系模型作为数据的组织方式，在关系模型中用表格结构表达实体集，以及实体集之间的联系，其最大特色是描述的一致性。关系模型是由若干个关系模式组成的集合。关系数据库是表的集合，它由一个或多个关系模式定义。

参考答案

（17）A

试题（18）

某销售公司数据库的仓库关系模式为：仓库（仓库号，地址，电话，商品号，库存量），其函数依赖集 F={仓库号→地址，仓库号→电话，（仓库号，商品号）→库存量}。以下描述正确的是 __(18)__ 。

（18）A．"仓库号"为仓库关系的主键，该关系模式属于 1 范式
　　　　B．"仓库号"为仓库关系的主键，该关系模式属于 2 范式
　　　　C．"仓库号，商品号"为仓库关系的主键，该关系模式属于 1 范式
　　　　D．"仓库号，商品号"为仓库关系的主键，该关系模式属于 2 范式

试题（18）分析

本题考查关系模式知识。

根据题干中的函数依赖集 F 可知"仓库号，商品号"决定仓库关系的全属性，故"仓库号，商品号"为该关系的主键。由于非主属性"地址"和"电话"部分函数依赖于码，即该关系模式没有消除部分函数依赖，故该关系模式属于 1 范式。

参考答案

（18）C

试题（19）～（21）

给定学生关系 Students（学号，姓名，性别，学历，身份证号），学历取值为本科生或研究生（含在职研究生）；教师关系 Teachers（教师号，姓名，性别，身份证号，工资）。查询既是研究生，又是女性，且工资大于等于 3500 元的教师的身份证号和姓名的 SQL 语句如下：

(SELECT 身份证号,姓名
 FROM Students
 WHERE (19))
  (20)
(SELECT 身份证号,姓名
 FROM Teachers
 WHERE (21));

（19）A．工资>=3500　　　　　　　　B．工资>='3500'

        C. 性别＝女 AND 学历＝研究生　　　D. 性别='女' AND 学历='研究生'
   (20) A. EXCEPT　　　　　　　　　　　B. INTERSECT
        C. UNION　　　　　　　　　　　　D. UNION ALL
   (21) A. 工资>=3500　　　　　　　　　 B. 工资>='3500'
        C. 性别＝女 AND 学历＝研究生　　　D. 性别='女' AND 学历='研究生'

试题（19）～（21）分析

本题考查 SQL 应用基础知识。

试题（19）的正确选项为 D，试题（20）的正确选项为 B，试题（21）的正确选项为 A。因为第一条 SELECT 语句查询是从 Students 关系中查找女研究生的姓名和通信地址，故用条件"性别='女' AND 类别='研究生'"来限定；第二条 SELECT 语句查询是从 Teachers 关系中查找工资大于等于 3500 元的教师姓名和通信地址，故用条件"工资>=3500"限定。又因为，第一条 SELECT 语句查询和第二条 SELECT 语句查询的结果集模式都为（姓名，通信地址），故可以用"INTERSECT"对它们取交集。

参考答案

　　（19）D　　（20）B　　（21）A

试题（22）

　　以下对 NoSQL 特点描述中，错误的是__(22)__。

　　(22) A. 简单易部署，基本都是开源软件
　　　　 B. 当插入数据时，不需要预先定义其模式
　　　　 C. 支持 SQL，用户学习使用很方便
　　　　 D. 数据存储不需要固定的表结构，通常也不存在连接操作

试题（22）分析

本题考查对数据库发展新技术的理解。

NoSQL（Not Only SQL）简单易部署，基本都是开源软件，是非关系型数据存储的广义定义。它打破了长久以来关系型数据库与 ACID 理论大一统的局面。NoSQL 数据存储不需要固定的表结构，通常也不存在连接操作。NoSQL 不需要事先定义数据模式，预定义表结构。数据中的每条记录都可能有不同的属性和格式。当插入数据时，并不需要预先定义它们的模式。但 NoSQL 不提供对 SQL 的支持，由于不支持 SQL 这样的工业标准，用户学习和使用需要一定成本。

参考答案

　　（22）C

试题（23）

　　防止计算机病毒的措施很多，但不包括__(23)__。

　　(23) A. 定期备份重要数据、修补系统漏洞
　　　　 B. 经常运行查毒软件查杀计算机病毒
　　　　 C. 不要下载来历不明的电子邮件附件
　　　　 D. 重要的文件或数据应存放到计算机的系统盘中

试题（23）分析

本题考查信息安全基础知识。

防止计算机病毒的措施很多,包括定期备份重要数据、修补系统漏洞、经常运行杀毒软件查杀计算机病毒、不要下载来历不明的电子邮件附件等。重要的文件或数据应进行备份,而不是存放到计算机的系统盘中。

参考答案

（23）D

试题（24）

信息安全的基本要素包括真实性、机密性、不可抵赖性、可审查性等方面。建立有效的责任机制,防止用户否认其行为属于___（24）___。

（24）A．真实性　　　　B．机密性　　　　C．不可抵赖性　　　　D．可审查性

试题（24）分析

本题考查信息安全基础知识。

信息安全的基本要素包括真实性、机密性、完整性、可用性、不可抵赖性、可控性和可审查性。其中：

- 真实性：对信息的来源进行判断,能对伪造来源的信息予以鉴别。
- 机密性：确保信息不暴露给未授权的实体或进程。
- 完整性：保证数据的一致性,防止数据被非法用户篡改。
- 可用性：保证合法用户对信息和资源的使用不会被不正当地拒绝。
- 不可抵赖性：建立有效的责任机制,防止用户否认其行为,这一点在电子商务中是极为重要的。
- 可控性：可以控制授权范围的信息内容、流向和行为方式。
- 可审查性：为出现的网络安全问题提供调查的依据和手段。

参考答案

（24）C

试题（25）

假设某高校信息统一管理平台的使用人员分为学生、教师和行政管理人员3类,那么用户权限管理的策略适合采用___（25）___。

（25）A．建立用户角色并授权
　　　　B．对关系进行分解,每类人员对应一组关系
　　　　C．建立每类人员的视图并授权给每个人
　　　　D．针对所有人员建立用户名并授权

试题（25）分析

信息统一管理平台的使用人员可能很多,而且也可能经常变动,因此针对每个使用人员都创建数据库用户可能不切实际,也没有必要。因为权限问题对关系模式修改不可取。正确的策略是根据用户角色共享同一数据库用户,个人用户的标识和鉴别通过建立用户信息表存储,由应用程序来管理,用户对数据库对象的操作权限由DBMS的授权机制管理。

参考答案

（25）A

试题（26）

软件著作权保护的对象不包括__(26)__。

（26）A．源程序　　　　B．目标程序　　　　C．流程图　　　　D．算法思想

试题（26）分析

本题考查知识产权基础知识。

软件著作权保护的对象是指著作权法保护的计算机软件，包括计算机程序及其有关文档。计算机程序是指为了得到某种结果而可以由计算机等具有信息处理能力的装置执行的代码化指令序列，或可被自动转换成代码化指令序列的符号化指令序列或符号化语句序列，通常包括源程序和目标程序。软件文档是指用自然语言或者形式化语言所编写的文字资料和图表，以用来描述程序的内容、组成、设计、功能、开发情况、测试结果及使用方法等，如程序设计说明书、流程图、数据流图、用户手册等。

著作权法只保护作品的表达，不保护作品的思想、原理、概念、方法、公式、算法等，对计算机软件来说，只有程序的作品性能得到著作权法的保护，而体现其功能性的程序构思、程序技巧等却无法得到保护。如开发软件所用的思想、处理过程、操作方法或者数学概念等。

参考答案

（26）D

试题（27）

某公司员工赵忻是一名软件设计师，按公司规定编写软件文档需要上交公司存档。这些软件文档属于职务作品，__(27)__。

（27）A．其著作权由公司享有

　　　　B．其著作权由软件设计师享有

　　　　C．除其署名权以外，著作权的其他权利由软件设计师享有

　　　　D．其著作权由公司和软件设计师共同享有

试题（27）分析

本题考查知识产权知识。

公民为完成法人或者其他组织工作任务所创作的作品是职务作品。职务作品可以是作品分类中的任何一种形式，如文字作品、电影作品、计算机软件等。职务作品的著作权归属分两种情形：

一般职务作品的著作权由作者享有。所谓一般职务作品是指虽是为完成工作任务而创作的作品，但非经法人或其他组织主持，不代表其意志创作，也不由其承担责任的职务作品。对于一般职务作品，法人或其他组织享有在其业务范围内优先使用的权利，期限为两年。优先使用权是专有的，未经单位同意，作者不得许可第三人以与法人或其他组织使用的相同方式使用该作品。在作品完成两年内，如单位在其业务范围内不使用，作者可以要求单位同意由第三人以与法人或其他组织使用的相同方式使用，所获报酬由作者与单位按约定的比例分配。

特殊的职务作品，除署名权以外，著作权的其他权利由法人或者其他组织（单位）享有。所谓特殊职务作品是指著作权法第十六条第二款规定的两种情况：一是主要利用法人或者其他组织的物质技术条件创作，并由法人或者其他组织承担责任的工程设计、产品设计图、计算机软件、地图等科学技术作品；二是法律、法规规定或合同约定著作权由单位享有的职务作品。

参考答案

（27）A

试题（28）

在 TCP/IP 体系结构中，将 IP 地址转化为 MAC 地址的协议是__（28）__。

（28）A．RARP　　　　B．ARP　　　　C．ICMP　　　　D．TCP

试题（28）分析

本题考查网络协议及其功能。

在 TCP/IP 体系结构中，将 IP 地址转化为 MAC 地址的协议是 ARP。DNS 属于应用层协议，UDP 是传输层协议，IP 和 ARP 是网络层协议。

参考答案

（28）B

试题（29）

局域网中某主机的 IP 地址为 202.116.1.12/21，该局域网的子网掩码为__（29）__。

（29）A．255.255.255.0　　　　B．255.255.252.0
　　　C．255.255.248.0　　　　D．255.255.240.0

试题（29）分析

本题考查 IP 地址及其计算。

网络 202.116.1.12/21 的子网掩码为 21 位，对应的子网掩码为 255.255.248.0。

参考答案

（29）C

试题（30）

一个虚拟局域网是一个__（30）__。

（30）A．广播域　　　　B．冲突域　　　　C．组播域　　　　D．物理上隔离的区域

试题（30）分析

本题考查 VLAN 原理。

VLAN 工作在 OSI 参考模型的第 2 层和第 3 层，一个虚拟局域网是一个广播域。

参考答案

（30）A

试题（31）

登录在某网站注册的 Web 邮箱，"草稿箱"文件夹一般保存的是__（31）__。

（31）A．从收件箱移动到草稿箱的邮件
　　　B．未发送或发送失败的邮件

        C．曾保存为草稿但已经发出的邮件
        D．曾保存为草稿但已经删除的邮件

试题（31）分析

本题考查互联网基础知识。

目前，互联网为用户提供了非常多的服务，邮件服务就是其中的一种。一般在互联网服务提供商所提供的邮件服务中，有已发送、收件箱、草稿箱等几种功能。其中已发送文件夹中所存放的是已经发送成功的邮件，所有收到的邮件会默认存放到收件箱，草稿箱中的文件一般是已经编辑好或者尚未编辑完成，还没有发送或者发送失败的邮件。

参考答案

（31）B

试题（32）

在排除网络故障时，若已经将故障位置定位在一台路由器上，且这台路由器与网络中的另一台路由器互为冗余，那么最适合采取的故障排除方法是 （32） 。

（32）A．对比配置法　　　　　　　　B．自底向上法
　　　 C．确认业务流量路径　　　　　D．自顶向下法

试题（32）分析

本题考查网络故障排查的基础知识。

题目中故障路由器与其他路由器互为冗余，即这两台路由器的主要配置相近似，通过查看正常路由器的配置并与之相比较，确认故障路由器配置的异常，该网络故障排查法符合对比配置法的含义。

参考答案

（32）A

试题（33）

在网络安全管理中，加强内防内控可采取的策略有 （33） 。

①控制终端接入数量
②终端访问授权，防止合法终端越权访问
③加强终端的安全检查与策略管理
④加强员工上网行为管理与违规审计

（33）A．②③　　　　B．②④　　　　C．①②③④　　　　D．②③④

试题（33）分析

本题考查网络安全方面的基础知识。

加强完善内部网络的安全要通过访问授权、安全策略、安全检查与行为审计等多种安全手段的综合应用实现。终端接入数量跟网络的规模、数据交换性能、出口带宽的相关性较大，不是内防内控关注的重点。

参考答案

（33）D

试题（34）

软件系统的维护包括多个方面，增加一些在系统分析和设计阶段中没有规定的功能与性能特征，从而扩充系统功能和改善系统性能，属于__(34)__维护。

(34) A．正确性　　　B．适应性　　　C．完善性　　　D．预防性

试题（34）分析

本题考查软件维护相关知识。

按照具体目标分类，软件维护分为四种：

①完善性维护。在应用软件系统使用期间，为不断改善和加强系统的功能和性能以满足用户日益增长的需求所进行的维护工作是完善性维护。

②适应性维护。为了让应用软件系统适应运行环境的变化而进行的维护活动是适应性维护。

③纠错性维护。目的在于发现在开发期间未能发现的遗留错误并进行诊断和改进的过程称为纠错性维护。

④预防性维护。维护人员不被动地等待用户提出要求才做维护工作，而是选择那些还有较长使用寿命的部分加以维护的称为预防性维护。

本题中说明要增加在系统分析和设计阶段没有规定的功能或性能特征，从而扩充系统功能和改善系统性能，属于完善性维护。

参考答案

(34) C

试题（35）

某考务处理系统的部分需求包括：检查考生递交的报名表；检查阅卷站送来的成绩清单；根据考试中心指定的合格标准审定合格者。若用顶层数据流图来描述，则如下选项不属于数据流的是__(35)__。

(35) A．考生　　　B．报名表　　　C．成绩清单　　　D．合格标准

试题（35）分析

本题考查数据流图基础知识。

数据流图是一种最常用的结构化分析工具，是一种能全面地描述信息系统逻辑模型的主要工具。包括四个基本符号：外部实体、数据流、数据存储和处理逻辑。外部实体指不受系统控制，在系统以外又与系统有联系的事务或人，它表达了目标系统数据的外部来源或去处；数据流表示数据的流动方向，一般由一些数据项组成；数据存储表示数据保存的地方；处理逻辑指对数据的逻辑处理功能，也就是对数据的变换功能。

本题中，报名表、成绩清单、合格标准都属于数据流，考生属于外部实体。

参考答案

(35) A

试题（36）

以下关于CMM的叙述中，不正确的是__(36)__。

(36) A．CMM是指软件过程能力成熟度模型

B．CMM1 级被认为成熟度最高，5 级被认为成熟度最低

C．CMMI 的任务是将已有的几个 CMM 模型结合在一起构造成为"集成模型"

D．采用更成熟的 CMM 模型，一般来说可以提高最终产品的质量

试题（36）分析

本题考查对 CMM 的了解。

CMM 是指软件过程能力成熟度模型，是一种开发模型，1 级被认为是成熟度最低，5 级被认为是成熟度最高。CMMI 的任务是将已有的几个 CMM 模型结合在一起构造成"集成模型"，采用更成熟的 CMM 模型可以提高最终产品的质量。

参考答案

（36）B

试题（37）

某高校要上线一套新的教务系统，为了实现老系统到新系统的平稳过渡，采用逐步替换方式更新老系统中的课表、成绩、课程等模块，这种系统转换方式属于__(37)__。

（37）A．直接转换　　　　　　　　　B．并行转换
　　　C．分段转换　　　　　　　　　D．串行转换

试题（37）分析

本题考查新旧系统转换方式的相关知识。

新旧系统之间有三种转换方式：直接转换、并行转换和分段转换。其中，直接转换是在确定新系统试运行正常后，启用新系统的同时终止旧系统；并行转换是新旧系统并行工作一段时间，经过足够的时间考验后，新系统正式代替旧系统；分段转换则是用新系统一部分一部分地替换旧系统。

本题中新系统逐步替换旧系统功能，属于分段转换。

参考答案

（37）C

试题（38）

某企业使用 App 来管理员工，该 App 支持打卡、考勤等功能。请问该 App 应该属于__(38)__。

（38）A．面向作业处理的系统　　　　B．面向管理控制的系统
　　　C．面向决策计划的系统　　　　D．面向数据汇总的系统

试题（38）分析

本题考查对企业中信息系统主要类型的掌握情况。

根据信息服务对象的不同，企业中的信息系统分为以下三类：面向作业处理的系统，是用来支持业务处理，实现处理自动化的信息系统；面向管理控制的系统，是指辅助企业管理，实现管理自动化的信息系统；面向决策计划的系统。

本题 App 支持打卡、考勤等功能来管理员工，是面向管理控制的系统。

参考答案

（38）B

试题（39）

以下不属于信息系统概念结构的是 __(39)__ 。

(39) A. 信息源　　　　B. 信息处理器　　　　C. 信息收集器　　　　D. 信息用户

试题（39）分析

本题考查对信息系统概念结构的熟悉程度。

信息系统从概念上来看是由信息源、信息处理器、信息用户和信息管理者四大部分组成的。根据以上描述，信息系统不包括信息收集器。

参考答案

(39) C

试题（40）

以下关于信息系统组成的叙述中，不正确的是 __(40)__ 。

(40) A. 信息系统包括计算机硬件系统和软件系统
　　　B. 信息系统包括数据及其存储介质
　　　C. 信息系统不包括非计算机系统的信息收集和处理设备
　　　D. 信息系统包括相关的规章制度和工作人员

试题（40）分析

本题考查对信息系统组成的掌握情况。

信息系统组成包括以下七大部分：计算机硬件系统，计算机软件系统，数据及其存储介质，通信系统，非计算机系统的信息收集、处理设备，规章制度，工作人员。

参考答案

(40) C

试题（41）

以下关于信息系统开发方法的叙述中，不正确的是 __(41)__ 。

(41) A. 结构化分析与设计法是结构化、模块化、自顶向下进行分析与设计
　　　B. 面向对象分析与设计法是把客观世界中的实体抽象为对象
　　　C. 原型法是快速给出一个模型然后与用户协商修改
　　　D. 面向对象分析与设计法要优于结构化分析与设计法

试题（41）分析

本题考查对信息系统开发方法的掌握情况。

信息系统开发方法包括结构化分析与设计法、面向对象分析与设计法及原型法。结构化分析与设计法是一种系统化、模块化和自顶向下的系统开发方法。面向对象分析与设计法的出发点和基本原则是尽可能模拟人类习惯的思维方式，使开发软件的方法和过程尽可能接近人类认识世界、解决问题的方法和过程。由于客观世界的问题都是由客观世界中的实体及实体相互间的关系构成的，因此把客观世界中的实体抽象为对象。原型法要求在获得一组基本的用户需求后快速地实现一个新系统的"原型"，用户、开发者以及其他有关人员在试用原型的过程中不断评价和修改原型系统以提高新系统的质量。综上所述，开发中需要根据情况选择合适的开发方法，各种方法之间不存在谁优谁劣。

参考答案

（41）D

试题（42）

信息系统项目的风险管理不包括__（42）__。

（42）A．风险识别 　　　　　　　　B．风险定性分析
　　　C．风险响应计划　　　　　　D．风险预警

试题（42）分析

本题考查风险管理的基本概念。

风险是指某种破坏或损失发生的可能性。风险管理是指识别、评估、降低风险到可以接受的程度，并实施适当机制控制风险保持在此程度之内的过程。风险管理包括风险分析、风险评估和风险控制。风险分析包括风险定性分析和风险定量分析，风险控制包括风险响应计划。

根据以上描述，风险预警不包括在风险管理内。

参考答案

（42）D

试题（43）

以下关于项目的说法中，不正确的是__（43）__。

（43）A．项目具有明确的目标　　　　B．项目有特定的委托人
　　　C．项目的实施是一次性的　　　D．项目的结果是可逆转的

试题（43）分析

本题考查项目的基本概念。

所谓项目，是指在既定的资源和要求约束下，为实现某种目的而相互联系的一次性工作任务。项目的基本特征包括：明确的目标，独特的性质，有限的生命周期，特定的委托人，实施的一次性，组织的临时性和开放性，项目的不确定性和风险性，结果的不可逆转性。

根据以上描述，项目的结果是不可逆转的。

参考答案

（43）D

试题（44）

以下选项中，__（44）__不属于项目人力资源管理。

（44）A．团队建设　　B．工资发放　　C．人员获得　　D．组织计划

试题（44）分析

本题考查项目人力资源管理的相关概念。

项目人力资源管理是一种管理人力资源的方法和能力。项目人力资源管理是组织计划编制，也可以看作战场上的"排兵布阵"，就是确定、分配项目中的角色、职责和回报关系。包括人员获得、团队建设和组织计划等。

工资发放不属于项目人力资源管理。

参考答案

（44）B

试题（45）

UML 中的关系不包括__(45)__。

（45）A．多态　　　　B．依赖　　　　C．泛化　　　　D．实现

试题（45）分析

本题考查统一建模语言的相关知识。

关系是统一建模语言（UML）建立的模型的三要素之一，是关系把事物结合在了一起。在 UML 中有依赖、关联、泛化、实现等 4 种关系。

多态不是 UML 中的关系。

参考答案

（45）A

试题（46）

系统说明书的内容不包括__(46)__。

（46）A．项目背景和目标　　　　B．项目概述
　　　C．实施计划　　　　　　　D．实施结果

试题（46）分析

本题考查系统说明书的相关知识。

系统说明书是系统分析阶段的全面总结。作为系统分析阶段的技术文档，系统说明书通常包括以下内容：引言、项目概述和实施计划。引言中包括项目的名称、目标、功能、背景、引用资料以及文中所用的专业术语等。

实施结果不是系统说明书中的内容。

参考答案

（46）D

试题（47）

实体联系图中不包括__(47)__。

（47）A．实体　　　　B．联系　　　　C．加工　　　　D．属性

试题（47）分析

本题考查实体联系图的相关概念。

实体联系图又称 E-R 图，它提供了表示实体类型、属性和方法的方法，是一种用来描述现实世界的概念模型。

加工不属于实体联系图。

参考答案

（47）C

试题（48）

以下选项中，__(48)__不属于系统总体设计阶段的任务。

（48）A．系统类型　　　　B．代码设计　　　　C．处理方式　　　　D．数据存储

试题（48）分析

本题考查系统设计的内容。

系统设计包括总体设计和详细设计。总体设计的主要内容是完成对系统总体结构和基本框架的设计，包括系统总体布局设计和系统模块化结构设计；详细设计是为总体设计的框架添加血肉，一般包括代码设计、数据库设计、输入/输出设计、用户界面设计和处理过程设计等。

代码设计不属于总体设计。

参考答案

（48）B

试题（49）

以下选项中，__(49)__ 不属于软件系统结构设计的原则。

(49) A．分解-协调原则 　　　　　　 B．一致性原则
　　　C．自底向上原则 　　　　　　 D．信息隐藏原则

试题（49）分析

本题考查对软件系统结构设计原则是否熟悉。

软件总体结构设计的主要任务是将整个系统合理划分为各个功能模块，正确地处理模块之间与模块内部的联系以及它们之间的调用关系和数据联系，定义各模块的内部结构等。总体结构设计的主要原则有：分解-协调原则、信息隐蔽和抽象的原则、自顶向下原则、一致性原则和面向用户原则。

自底向上原则不属于软件系统结构设计的原则。

参考答案

（49）C

试题（50）

数据库设计正确的步骤是 __(50)__ 。

(50) A．用户需求分析→概念结构设计→逻辑结构设计→物理结构设计
　　　B．用户需求分析→逻辑结构设计→概念结构设计→物理结构设计
　　　C．用户需求分析→概念结构设计→物理结构设计→逻辑结构设计
　　　D．用户需求分析→物理结构设计→概念结构设计→逻辑结构设计

试题（50）分析

本题考查数据库设计流程的相关知识。

数据库的设计过程可以分为四个阶段，即用户需求分析、概念结构设计、逻辑结构设计和物理结构设计。用户需求分析是对现实世界的调查和分析；概念结构设计是从现实世界到信息世界的转换；逻辑结构设计是信息世界向数据世界的转换；物理结构设计是为数据选择合适的存储结构和存储方法。这四个阶段应按顺序进行，不可调换顺序。

参考答案

（50）A

试题（51）

优秀代码的特点不包括__(51)__。

(51) A．设计复杂　　B．容易修改　　C．运行效率高　　D．易于维护

试题（51）分析

本题考查对优秀代码的理解认识。

优秀代码的特点包括设计简单、容易修改、运行效率高和易于维护。

设计复杂不是优秀代码的特点。

参考答案

(51) A

试题（52）

以下选项中，__(52)__不属于系统测试的范畴。

(52) A．强度测试　　B．安全测试　　C．单元测试　　D．性能测试

试题（52）分析

本题考查系统测试过程中系统测试的相关概念。

系统测试是将已经确认的软件、计算机硬件、外设、网络等其他元素结合在一起，进行信息系统的各种组装测试和确认测试。其目的是通过与系统的需求相比较，发现所开发的系统与用户需求不符或矛盾的地方。常见的系统测试主要包括恢复测试、安全性测试、强度测试、性能测试、可靠性测试和安装测试。

单元测试是系统测试之前的一个测试，不属于系统测试的范畴。

参考答案

(52) C

试题（53）

以下选项中，__(53)__不属于逻辑覆盖的测试方法。

(53) A．语句覆盖　　B．功能覆盖　　C．条件覆盖　　D．路径覆盖

试题（53）分析

本题考查软件测试中逻辑覆盖的基本概念。

逻辑覆盖是以程序内部的逻辑结构为基础的测试技术。它考虑的是测试数据执行（覆盖）程序的逻辑程度。根据覆盖情况的不同，逻辑覆盖可分为语句覆盖、判定覆盖、条件覆盖、判断/条件覆盖、多重覆盖、路径覆盖和循环覆盖。

根据如上描述，功能覆盖不属于逻辑覆盖的测试方法。

参考答案

(53) B

试题（54）

IT系统管理工作的分类可以按系统类型和流程类型来分，如果按照系统类型来分，通常会分为四个类别，但不包括__(54)__。

(54) A．信息系统：企业的信息处理基础平台，直接面向业务部门（客户）

　　B．网络系统：企业的基础架构，其他方面的核心支撑平台

　　　　C．人员系统：企业的基础，各方面管理工作的执行者
　　　　D．运作系统：企业 IT 运行管理的各类系统，IT 部门的核心管理平台

试题（54）分析

　　本题考查对 IT 系统管理工作类别的认识。

　　信息系统管理可以按系统类型和流程类型来分类。其中，按照系统类型划分主要包括以下四点。

　　①信息系统：企业的信息处理基础平台，直接面向业务部门（客户）。
　　②网络系统：企业的基础架构，其他方面的核心支撑平台。
　　③运作系统：企业 IT 运行管理的各类系统，IT 部门的核心管理平台。
　　④设施及设备：设施及设备管理为保证计算机处于适合其连续工作的环境。
　　综上所述，可以看出此划分中没有人员系统的提法。

参考答案

　　（54）C

试题（55）

　　IT 系统运行过程中的关键操作、非正常操作、故障、性能监控、安全审计等信息应形成相应的系统运作报告，以利于分析并改进系统管理水平。下面选项中，不属于系统运作报告范围的是__（55）__。

　　（55）A．企业财务状况报告　　　　　　B．系统日常操作日志
　　　　　C．性能/能力规划报告　　　　　　D．安全审计日志

试题（55）分析

　　本题考查对信息系统管理中的系统运作报告的理解。

　　IT 系统运行过程中的关键操作、非正常操作、故障、性能监控、安全审计等信息应形成相应的系统运作报告，以利于分析并改进系统管理水平。这些报告包括：系统日常操作日志、性能/能力规划报告、故障管理报告以及安全审计日志，没有专门针对企业财务状况的报告。

　　综上所述，可以看出无企业财务状况报告的提法。

参考答案

　　（55）A

试题（56）

　　IT 部门人员管理涉及的主要工作内容有三大方面，它不包括下列选项中的__（56）__。

　　（56）A．用户网络资源使用考核　　　　B．IT 组织及职责设计
　　　　　C．IT 人员的教育与培训　　　　　D．第三方/外包的管理

试题（56）分析

　　本题考查对 IT 部门人员管理涉及的主要工作内容的理解。

　　IT 部门人员管理涉及的主要工作内容包括三个大的类别，分别是 IT 组织及职责设计、IT 人员的教育与培训和第三方/外包的管理，主要工作包括 IT 组织设计原则、IT 组织设计考虑的因素、IT 组织及职责设计、IT 人员的教育与培训、外包商的选择、外包合同管理及外包风险控制等。不涉及对用户网络资源使用考核的问题。

综上所述，用户网络资源使用考核不在 IT 部门人员管理要求之列。

参考答案

（56）A

试题（57）

IT 资源管理中的配置管理提供的有关基础架构的配置信息可以为其他服务管理流程提供支持。配置管理作为一个控制中心，其主要目标表现在四个方面，下列 __(57)__ 不在这四个方面之列。

（57）A．计量所有 IT 资产

B．为其他 IT 系统管理流程提供准确信息

C．软件正确性管理

D．验证基础架构记录的正确性并纠正发现的错误

试题（57）分析

本题考查对 IT 资源管理中的配置管理的理解。

IT 资源管理中，配置管理作为一个控制中心，其主要目标表现在四个方面：①计量所有 IT 资产；②为其他 IT 系统管理流程提供准确信息；③作为故障管理、变更管理和新系统转换等的基础；④验证基础架构记录的正确性并纠正发现的错误。IT 资源管理不涉及软件正确性管理。

综上所述，软件正确性管理不在选项之列。

参考答案

（57）C

试题（58）

IT 资源管理中的软件管理涉及软件构件管理。软件构件是软件系统的一个物理单元，它驻留在计算机中而不是只存在于系统分析员的脑海里。构件有一些基本属性，下列选项中，__(58)__ 不属于软件构件的基本属性。

（58）A．构件是可独立配置的单元，因此构件必须自包容

B．构件强调与环境和其他构件的分离，构件的实现是严格封装的

C．构件的测试是不需要进行黑盒测试的

D．构件可以在适当的环境中被复合使用，因此构件需要提供清楚的接口规范

试题（58）分析

本题考查对 IT 资源管理中的软件管理涉及的软件构件管理内容的理解。

IT 资源管理中的软件管理涉及软件构件管理。软件构件是软件系统的一个物理单元，它驻留在计算机中而不是只存在于系统分析员的脑海里。像数据表、数据文件、可执行文件、动态链接库等都可以称为构件，构件的基本属性包括：①构件是可独立配置的单元，因此构件必须自包容；②构件强调与环境和其他构件的分离，构件的实现是严格封装的，外界没机会或没必要知道构件内部的实现细节；③构件可以在适当的环境中被复合使用，因此构件需要提供清楚的接口规范；④构件不应当是持续的，即构件没有个体特有的属性。选项 C 的表述"构件的测试是不需要进行黑盒测试的"不符合构件基本属性特征。

综上所述,"构件的测试是不需要进行黑盒测试的"这一表述不是软件构件的基本属性。

参考答案

(58) C

试题(59)

IT 资源管理中的网络资源管理涉及网络管理的五部分内容,下面 __(59)__ 不属于这五部分内容。

(59) A. 网络性能管理　　　　　　B. 网络设备和应用配置管理
　　　C. 网络利用和计费管理　　　　D. 网络审计配置管理

试题(59)分析

本题考查对 IT 资源管理中的网络资源管理内容的理解。

IT 资源管理中的网络资源管理涉及网络管理的五部分内容,包括网络性能管理、网络设备和应用配置管理、网络利用和计费管理、网络设备和应用故障管理以及安全管理。没有网络审计配置管理的提法,网络审计划分在网络审计支持里。

综上所述,网络审计配置管理不属于这五部分内容。

参考答案

(59) D

试题(60)

在网络资源管理中,识别网络资源是其重要的工作内容。下面选项中,__(60)__ 不属于网络资源。

(60) A. 通信线路　　B. 通信服务　　C. 网络设备　　D. 厂房与场地

试题(60)分析

本题考查对网络资源管理中的网络资源的认识。

在对网络资源管理过程中,企业的网络资源通常包括四大类别:①通信线路;②通信服务;③网络设备;④网络软件。厂房与场地不在此四个分类中。

参考答案

(60) D

试题(61)

数据管理中的安全性管理是数据生命周期中的一个比较重要的环节。要保证数据的安全性,须保证数据的保密性和完整性。下列选项中,__(61)__ 不属于数据安全性管理的特性。

(61) A. 用户登录时的安全性　　　　B. 数据加工处理的算法
　　　C. 网络数据的保护　　　　　　D. 存贮数据以及介质的保护

试题(61)分析

本题考查对数据管理中的安全性管理内容的理解。

数据的安全性管理目的是增强用户对数据使用的合法性和有效性,在进行数据输入和存取控制的时候,企业必须首先保证输入数据的合法性,保证数据的保密性和完整性。所以数据的安全性管理主要表现在五个方面:①用户登录时的安全性;②网络数据的保护;③存贮数据以及介质的保护;④通信的安全性;⑤企业和 Internet 网的单点安全登录。

综上所述，数据加工处理的算法不属于数据安全性管理特性。

参考答案

（61）B

试题（62）

通信应急设备管理中，应该注意企业网络环境的布线问题，企业局域网应进行结构化布线，结构化布线系统由六个子系统组成。下面__（62）__不属于这六个子系统。

（62）A．水平子系统　　B．垂直子系统　　C．建筑群子系统　　D．输出子系统

试题（62）分析

本题考查对IT资源管理中企业网络环境的布线的认识。

企业局域网应进行结构化布线，结构化布线系统通常由六个子系统组成：①工作区子系统；②水平子系统；③主干子系统；④设备室子系统；⑤建筑群子系统；⑥管理子系统。

这些子系统划分中，没有专设输出子系统。

参考答案

（62）D

试题（63）

在故障管理中，有三个描述故障的特征，下列__（63）__不属于这三个特征。

（63）A．影响度　　B．紧迫性　　C．优先级　　D．处理方法

试题（63）分析

本题考查对故障管理中的故障特征的认识。

在故障管理中，三个描述故障的特征联系紧密而又相互区分，它们分别是：①衡量故障影响业务大小程度的指标——影响度；②评价故障和问题危机程度的指标——紧迫性；③根据影响程度和紧急程度而制定的处理故障的先后次序——优先级。处理方法不在故障特征之列。

综上所述，描述故障的特征中没有处理方法。

参考答案

（63）D

试题（64）

错误控制是管理、控制并成功纠正已知错误的过程，它通过变更请求向变更管理部门报告需要实施的变革，确保已知错误被完全消除，避免再次发生故障。错误控制的过程中不包括下列__（64）__的工作内容。

（64）A．无负载加载启动　　　　　　B．发现和记录错误
　　　C．记录错误解决过程　　　　　D．跟踪监督错误解决过程

试题（64）分析

本题考查对故障及问题管理中的错误控制过程的理解。

错误控制是管理、控制并成功纠正已知错误的过程，它通过变更请求向变更管理部门报告需要实施的变革，确保已知错误被完全消除，避免再次发生故障。错误控制的过程中包括：①发现和记录错误；②评价错误；③记录错误解决过程；④终止错误；⑤跟踪监督错误解决过程。错误控制过程中没有无负载加载启动这样的工作内容。

参考答案

（64）A

试题（65）

信息系统管理中的安全管理涉及安全管理措施的制定，信息系统的安全保障能力取决于信息系统所采取的安全管理措施的强度和有效性。这些措施可以按五个层面划分，下列__(65)__不在这五个层面的划分之列。

(65) A．安全设备　　B．安全策略　　C．安全组织　　D．安全人员

试题（65）分析

本题考查对安全管理措施的理解。

信息系统的安全保障能力取决于信息系统所采取的安全管理措施的强度和有效性。这些措施可以按五个层面划分：①安全策略；②安全组织；③安全人员；④安全技术；⑤安全运作。不涉及具体设备。

综上所述，安全管理措施的五个层面中没有具体的安全设备要求。

参考答案

（65）A

试题（66）

计算机系统性能评价技术是按照一定步骤，选用一定的度量项目，通过建模和实验，对计算机的性能进行测试并对测试结果作出解释的技术。在系统性能的评价方法中，最直接最基本的方法是测量法，使用测量法需解决三类问题，下列选项中，__(66)__不属于要解决问题。

(66) A．选择测量时的工作负载
　　　B．选择测量的方法和工具
　　　C．运行周期降到最低限度
　　　D．根据系统评价目的和需求，确定测量的系统参数

试题（66）分析

本题考查对性能及能力管理中的方法和工具的认知及理解。

在系统性能的评价方法中包括模型法和测量法，最直接、最基本的方法是测量法。使用测量法需解决三类问题：①将根据系统评价目的和需求，确定测量的系统参数；②选择测量的方法和工具；③选择测量时的工作负载。它不涉及运行周期降低程度的问题。

综上所述，使用测量法需解决的三类问题中不涉及运行周期降低程度。

参考答案

（66）C

试题（67）

信息系统的技术性能评价包括六方面内容，__(67)__不属于信息系统技术性能评价的内容。

(67) A．系统离线磁带备份的能力　　　　B．系统的总体技术水平
　　　C．系统的功能覆盖范围　　　　　　D．信息资源开发和利用的范围和深度

试题（67）分析

本题考查对信息系统的技术性能评价内容的理解。

信息系统的技术性能评价内容包括六个方面：①系统的总体技术水平；②系统的功能覆盖范围；③信息资源开发和利用的范围和深度；④系统质量；⑤系统安全性；⑥系统文档资料的规范、完备与正确程度。由于是系统的技术性能评价，不涉及具体的系统离线磁带备份的能力。

综上所述，系统离线磁带备份的能力不在要求评价内容范围之列。

参考答案

（67）A

试题（68）

利用不同基准测试程序对计算机系统进行测试可能会得到不同的性能评价结果，对这些评价结果进行统计和比较分析，可以得到较为准确的接近实际的结果。在性能评价中，持续性能最能体现系统的实际性能。下列选项中，__(68)__不是常用的表示持续性能的计算方法。

（68）A．几何性能平均值 G_m　　　　　B．算术性能平均值 A_m
　　　　C．卷积性能平均值 C_m　　　　　D．调和性能平均值 H_m

试题（68）分析

本题考查对性能及能力管理中评价结果的统计与比较内容的理解。

性能及能力管理中，性能评价的结果通常有两个指标：峰值性能和持续性能。持续性能常用的三种平均值计算方法是：①算术性能平均值；②几何性能平均值；③调和性能平均值。对评价结果进行统计和比较分析的常用计算方法中没有使用卷积处理方法。

综上所述，卷积性能平均值计算不是持续性能常用的三种平均值计算方法。

参考答案

（68）C

试题（69）

在能力管理活动中，能力数据库是成功实施能力管理流程的基础。该数据库中的数据被所有能力管理的子流程存储和使用，因为该数据库中包含了各种类型的数据。下列数据选项中，__(69)__不在这些数据类型之列。

（69）A．业务数据　　　　　　　　B．服务数据
　　　　C．技术数据　　　　　　　　D．浮点型数据

试题（69）分析

本题考查对能力管理活动中的能力数据库内容的理解。

能力数据库是成功实施能力管理流程的基础。该数据库中的数据被所有能力管理的子流程存储和使用，因为该数据库中包含了各种类型的数据，即业务数据、服务数据、技术数据、财务数据和应用数据。这里的数据类型是按照系统大类别的抽象层次划分的，不涉及具体实现环境的细节数据类型。

综上所述，浮点型数据不在这些数据类型之列。

参考答案

（69）D

试题（70）

信息系统评价中，系统的质量评价需要定出质量的指标以及评定优劣的标准。对管理信息系统的质量评价而言，其特征和指标通常包含九个方面。下列选项__（70）__不在这九项之列。

（70）A．输出数据格式是否规范　　B．系统对用户和业务需求的相对满意程度
　　　　C．系统的开发过程是否规范　　D．系统运行结果的有效性和可行性

试题（70）分析

本题考查对信息系统评价中的运行质量评价标准内容的理解。

对管理信息系统的质量评价而言，其特征和指标通常包含九个方面：①系统对用户和业务需求的相对满意程度；②系统的开发过程是否规范；③系统的先进性、有效性和完备性；④系统的性能、成本、效益综合比；⑤系统运行结果的有效性和可行性；⑥结果是否完整；⑦信息资源利用率；⑧提供信息的质量如何；⑨系统实用性。这些特征和指标中没有输出数据格式是否规范这一要求。

综上所述，输出数据格式是否规范不属于管理信息系统质量评价中的特征和指标要求。

参考答案

（70）A

试题（71）～（75）

Because the Internet __(71)__ computers all over the world, any business that engages in electronic commerce instantly becomes an international business. One of the key issues that any company faces when it conducts international commerce is trust.

It is important for all businesses to establish __(72)__ relationships with their customers. Companies with established reputations in the physical world often create trust by ensuring that customers know who they are. These businesses can rely on their __(73)__ brand names to create trust on the Web. New companies that want to establish online businesses face a more difficult __(74)__ because a kind of anonymity(匿名) exists for companies trying to establish a Web presence.

Because Web site visitors will not become customers unless they trust the company behind the site, a plan for establishing __(75)__ is essential. Customers' inherent lack of trust in "strangers" on the Web is logical and to be expected; sellers on the Web cannot assume that visitors will know that the site is operated by a trustworthy business.

（71）A．establishes　　B．includes　　　C．engages　　　D．connects
（72）A．accepting　　　B．trusting　　　C．believing　　D．real
（73）A．own　　　　　B．registered　　C．established　D．online
（74）A．debate　　　　B．problem　　　C．way　　　　　D．challenge
（75）A．credibility　　B．infrastructure　C．quality　　　D．capability

参考译文

由于因特网连接着世界各地的计算机，任何从事电子商务的企业都将立即成为一家国际企业。任何公司在开展国际商务时都面临的一个关键问题就是信任。

对所有企业来说，与客户建立起信任关系是很重要的。在物理世界中拥有良好声誉的公司通常会通过确保客户知道他们是谁来建立信任。这些企业可以依靠已建立的品牌名称在网络上建立信任。希望建立在线业务的新公司面临更大的挑战，原因是试图建立网络存在的公司具有一种匿名性。

网站访问者不会成为客户，除非他们相信网站背后的公司，因此建立可信度的计划至关重要。客户对网络上的"陌生人"缺乏信任是合乎逻辑的，也是可以预料的。网站上的卖家不能假设访问者会知道该网站是由值得信赖的企业所运营的。

参考答案

（71）D　（72）B　（73）C　（74）D　（75）A

第 2 章 2018 上半年信息系统管理工程师下午试题分析与解答

试题一（共 15 分）

阅读以下说明，回答问题 1 至问题 4，将解答填入答题纸的对应栏内。

【说明】

某集团公司拥有多个大型超市，为了方便集团公司对超市的各项业务活动进行有效管理，公司决定构建一个信息系统以满足公司的业务管理需求。

【需求分析】

1. 超市需要记录的信息包括超市编号、超市名称、经理号（参照员工关系的员工号）、联系地址和电话。超市编号唯一标识超市信息中的每个元组；每个超市只有一名经理，负责该超市的管理工作；每个超市包含不同的部门（如：财务部、采购部、销售部等）。

2. 部门需要记录的信息包括部门号、部门名称、超市编号、主管号（参照员工关系的员工号）、电话和位置分布（如：超市一层、超市二层、超市负一层等），部门号唯一标识部门信息中的每个元组。每个部门只有一名主管，负责部门的工作。每个部门有多名员工处理日常事务，每名员工只能隶属于一个部门。

3. 员工需要记录的信息包括员工号、姓名、隶属部门（参照部门关系的部门号）、岗位、电话号码和基本工资。其中，员工号唯一标识员工信息中的每个元组；岗位包括：经理、主管、理货员、收银员等。

【概念模型设计】

根据需求阶段收集的信息，设计的实体联系图和关系模式（不完整）如图 1-1 所示。

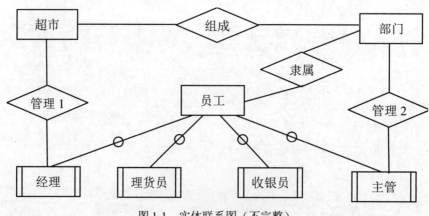

图 1-1 实体联系图（不完整）

【关系模式设计】

超市（超市编号,超市名称,__(a)__,联系地址,电话）
部门（部门号,部门名称,__(b)__,电话,__(c)__,位置分布）
员工（员工号,姓名,__(d)__,岗位,电话,基本工资）

【问题1】（4分）

根据题意,将以上关系模式中的空（a）~（d）的属性补充完整,并填入答题纸对应的位置上。

【问题2】（4分）

请根据以上需求分析,结合图1-1所示的实体联系图按以下描述确定联系类型并填入答题纸对应的位置上。

超市与部门之间的"组成"联系类型为__(e)__；
超市与经理之间的"管理1"联系类型为__(f)__；
部门与主管之间的"管理2"联系类型为__(g)__；
部门与员工之间的"隶属"联系类型为__(h)__。

【问题3】（5分）

（1）部门关系的主键为__(i)__,部门关系的外键为__(j)__、__(k)__。
（2）员工关系的主键为__(l)__,员工的外键为__(m)__。

【问题4】（2分）

假设集团公司要求系统能记录部门历任主管的任职时间和任职年限,请问"在数据库设计时需要增设一个实体"的说法是否正确？为什么？

试题一分析

本题考查数据库系统中实体联系模型（E-R模型）和关系模式设计方面的基础知识。

【问题1】

根据需求分析1,超市需要记录的信息包括超市编号、超市名称、经理号、联系地址和电话,故空（a）应填写"经理号"。

根据需求分析2,部门需要记录的信息包括部门号、部门名称、主管号（参照员工关系的员工号）、电话、超市编号和位置分布,故空（b）应填写"主管号",空（c）应填写"超市编号"。

根据需求分析3,员工需要记录的信息包括员工号、姓名、隶属部门、岗位、电话号码和基本工资,故空（d）应填写"隶属部门"。

【问题2】

根据需求分析1所述"每个超市包含不同的部门（如财务部、采购部、销售部等）",故超市与部门之间的"组成"联系类型为1:*。

根据需求分析1所述"每个超市只有一名经理,负责该超市的管理工作",故超市与经理之间的"管理1"联系类型为1:1。

根据需求分析2所述"每个部门只有一名主管,负责部门的工作",故部门与主管之间的"管理2"联系类型为1:1。

根据需求分析 2 所述"每个部门有多名员工处理日常事务,每名员工只能隶属于一个部门",故部门与员工之间的"隶属"联系类型为 1:*(一对多)。

根据上述分析,完善图 1-1 所示的实体联系图如图 1-2 所示。

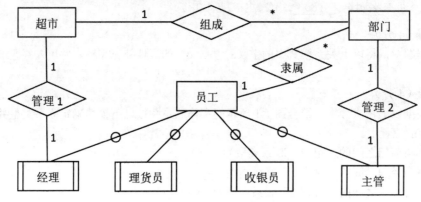

图 1-2　完善的实体联系图

【问题 3】

根据题干 2 所述"部门号唯一标识部门信息中的每个元组",部门关系的主键为部门号。由于部门关系中的"主管号"必须参照员工关系的员工号,"超市编号"必须参照超市关系的超市编号,故部门关系的外键为主管号、超市编号。

根据题干 3 所述"员工号唯一标识员工信息中的每个元组",故员工关系的主键为员工号。又由于隶属部门必须参照部门关系的部门号,故员工关系的外键为隶属部门。

【问题 4】

如果需要系统能记录部门历任主管的任职时间,那么"在数据库设计时需要增设一个实体"的说法是正确的。因为部门与历任主管之间的联系类型是*:*,必须建立一个独立的关系模式,该模式为(部门号,历任主管,任职时间)。

试题一参考答案

【问题 1】

　　(a) 经理号或员工号
　　(b) 主管号或员工号
　　(c) 超市编号
　　(d) 隶属部门或部门号

【问题 2】

　　(e) 1:*
　　(f) 1:1
　　(g) 1:1
　　(h) 1:*

【问题 3】

(1)(i) 部门号

(j) 主管号或员工号

(k) 超市编号

注：(j)、(k) 可互换。

(2)(l) 员工号

(m) 隶属部门或部门号

【问题 4】

正确。集团公司要求系统能记录部门历任主管的任职时间和任职年限，而部门与历任主管之间的联系类型是*:*，必须建立一个独立的关系模式，该模式的属性由两端的码加上联系的属性构成。

试题二（共 15 分）

阅读以下说明，回答问题 1 至问题 3，将解答填入答题纸的对应栏内。

【说明】

某大型企业由于员工人数多，为了便于管理，拟在人力资源管理系统平台上增加考勤管理、系统管理和预警管理 3 个子系统，目的是帮助企业管理者通过有效组织管理降低成本和加速增长来创造价值链利润。经过招标，将该项目交给 M 公司张工主管的项目组进行设计和测试。

【需求分析】

需求调研与分析的结果如下。

(1) 考勤管理子系统由企业各个部门分别负责，并将考勤情况按月及年统计上报。

(2) 预警管理子系统由人事科负责，如：合同续签提醒、员工转正提醒等功能。

(3) 系统管理子系统由系统管理员负责，管理员可以进行在线用户查看、设置用户权限，还可通过业务监控台查看系统中所有工作流业务的运行状态。

根据企业的业务流程，项目组将考勤管理、预警管理和系统管理功能模块中应包含的功能列表如表 2-1 所示。

表 2-1 功能列表

序号	功 能	序号	功 能
1	劳动合同期满提醒	9	考勤登记（如事假、公差、旷工等）
2	考勤查询	10	员工生日提醒
3	合同续签提醒	11	加班登记
4	员工转正提醒	12	业务监控台
5	系统日志管理	13	权限设置
6	在线用户查看	14	数据恢复
7	调休申请	15	调班登记
8	数据备份	16	考勤统计

【问题1】(8分)

请将表 2-1 中序号为 1~16 的功能模块区分出来，分别归入考勤管理、预警管理和系统管理中，并填入答题纸对应的位置上。

（1）考勤管理包含的功能：_____。

（2）预警管理包含的功能：_____。

（3）系统管理包含的功能：_____。

【问题2】(4分)

在张工主管的项目组，每当完成一个模块的设计后，就需要对该模块进行测试。该项目组应该从 __(1)__ 、 __(2)__ 、重要的执行路径、 __(3)__ 和 __(4)__ 五个方面入手进行测试。

（1）~（4）的备选答案：

    A．模块接口   B．可移植性   C．局部数据结构

    D．出错处理   E．边界条件   F．全局数据结构

【问题3】(3分)

企业提出在保证系统安全的基础上，允许员工查询个人考勤、工资等信息。为此，张工提出了如下两种方案，请比较分析这两种方案的利弊。

方案1：将权限设置下放，由部门管理员为部门员工设置查询权限。

方案2：建立关系模式（岗位，权限），由系统管理员按岗位赋予不同权限。

试题二分析

【问题1】

根据题意，考勤管理包含的功能有考勤查询、调休申请、考勤登记、加班登记、调班登记、考勤统计；预警管理包含的功能有劳动合同期满提醒、合同续签提醒、员工转正提醒、员工生日提醒。系统管理包含的功能有系统日志管理、在线用户查看、数据备份、业务监控、权限管理、数据恢复。

【问题2】

模块测试也称为单元测试（Unit Testing），通常在编码阶段进行，是软件测试的最基本的部分。主要从模块的五个方面进行检查，即模块接口、局部数据结构、重要的执行路径、出错处理和边界条件。

【问题3】

方案1与方案2相比安全性低，因为一旦将权限设置下放到部门，意味着部门管理员具备了系统管理员的权力，安全的可控性降低。

方案2按企业员工所在岗位赋予不同的权限，系统可以通过建立权限关系模式，即权限（岗位，权限），由系统管理员为不同岗位赋予不同权限。这样不但保证数据的安全，而且还能保证权限信息的一致性，因为岗位调整其权限自然就变化了。

试题二参考答案

【问题1】

（1）考勤查询、调休申请、考勤登记、加班登记、调班登记、考勤统计

    或 2、7、9、11、15、16

(2)劳动合同期满提醒、合同续签提醒、员工转正提醒、员工生日提醒
或 1、3、4、10
(3)系统日志管理、在线用户查看、数据备份、业务监控台、权限管理、数据恢复
或 5、6、8、12、13、14

【问题2】
(1)A 或模块接口
(2)C 或局部数据结构
(3)D 或出错处理
(4)E 或边界条件
注:(1)~(4)答案可互换。

【问题3】
方案1与方案2相比安全性低(或答方案2与方案1相比安全性高)。因为一旦将权限设置下放到部门,意味着部门管理员具备了系统管理员的权力,安全可控性降低。方案2不但保证数据的安全,而且还能保证权限信息的一致性,因为岗位调整其权限自然就变化了。

试题三（共15分）

阅读以下说明,回答问题1至问题3,将解答填入答题纸的对应栏内。

【说明】

某企业的IT部门为了细化工作分工,理顺管理流程,安排工程师小张负责本企业的网络硬件及相关设施管理。小张在明确了工作范围后,对工作内容做了初步规划,列出了以下三项主要工作。

(1)对网络硬件设备进行统计,登记各部门的设备并检查设备管理情况。
(2)通过对比企业网络配置连接图,对网络设备的配置进行梳理,对用户的访问权限进行确认。
(3)对网络运行涉及的相关设施的安全和运行情况进行检查。

请结合自己的工作实际,回答以下问题。

【问题1】(6分)
简要说明硬件设备管理应遵循的基本要求。

【问题2】(5分)
从ISO网络管理模型的角度,简要说明网络管理包括哪些方面。

【问题3】(4分)
简要说明与网络相关的设施管理包括哪些内容。

试题三分析

本题考查IT资源管理的相关内容,IT资源包括硬件管理、软件管理、数据管理、网络管理、设施及设备管理等内容。从题目的描述来看,工程师小张主要从事的是硬件资源和网络资源以及相关设施的管理。

【问题1】
进行IT资源的管理,首先是识别企业待管理的硬件有哪些,搞清楚企业有哪些硬件设

备,哪些设备需要管理。这就是小张进行的工作的一个重点内容。在此基础上,设备管理基本要求包括以下几个方面。

(1) 所有硬件设备必须由专人负责管理,管理员必须定期对各种设备进行清理检查,确保设备处于正常使用状态;用电设备要按时进行线路检查,防止漏电、打火现象,确保设备、库房的安全,对故障设备应随时登记,并及时向上级汇报妥善处理。

(2) 所有硬件应该严格遵循部门制定的硬件管理条例,例如:一律不得擅自外借或者挪作他用,非本部门人员未经许可不得擅自使用本部门的设备等。

(3) 硬件设备在平时应该定期进行清点和检测,发现问题后应该及时进行处理。硬件系统应该定期进行备份,备份的硬盘要妥善保管、做好标签,以防止数据丢失,各种设备使用说明、保修卡、用户手册等也应该妥善保管。

【问题 2】

网络管理包含五个部分:网络性能管理、网络设备和应用配置管理、网络利用和计费管理、网络设备和应用故障管理以及安全管理。ISO 包含的这五部分定义如下。

(1) 性能管理。衡量及利用网络性能,实现网络性能监控和优化。

(2) 配置管理。监控网络和系统配置信息,从而可以跟踪和管理各个版本的硬件和软件元素的网络操作。

(3) 计费管理。衡量网络利用、个人或者小组网络活动,主要负责网络使用规则和账单等。

(4) 故障管理。负责监测、日志、通告用户自动解决网络问题,以确保网络高效运行。

(5) 安全管理。控制网络资源访问权限,确保网络不会遭到未授权用户的破坏等。

【问题 3】

网络相关设施和设备包括为了保障网络正常运行而提供必要保证的设施和设备。包括电源设备管理、机房空调设备管理、通信应急设备的管理(主要指在特殊危急时刻能保障网络通信的正常进行,结构化的布线系统)、楼宇管理、防护设备管理以及信息安全标准等方面的内容。

试题三参考答案
【问题 1】

(1) 硬件设备必须由所在部门专人负责管理

(2) 硬件设备遵循部门制定的硬件设备管理条例

(3) 硬件设备应定时清点和检测

【问题 2】

(1) 性能管理

(2) 配置管理

(3) 计费管理

(4) 故障管理

(5) 安全管理

【问题3】
（1）电源设备管理
（2）空调设备管理
（3）网络应急设备管理
（4）楼宇管理
（5）防护设备管理
（6）信息安全设施标准化管理

试题四（共 15 分）

阅读以下说明，回答问题 1 至问题 3，将解答填入答题纸的对应栏内。

【说明】

在系统投入正常运行之后，系统就进入了运行与维护阶段，要保证系统正常而可靠的运行，维护要有计划有组织的对系统进行必要的改动，以确保系统的各个要素随着环境的变化始终处于最新的和正确的工作状态。

某高校实验中心因职能调整，需要在 OA 办公系统中增加提供技术服务的业务流程。该校 IT 部门对此制订了相应的维护计划，组织了维护工作的实施。请结合系统维护的相关要求，回答下列问题。

【问题 1】（6 分）

请根据上述说明，在制订维护计划之前需要考虑哪些因素？

【问题 2】（4 分）

请用给出的选项补充完善如图 4-1 所示系统维护工作程序。

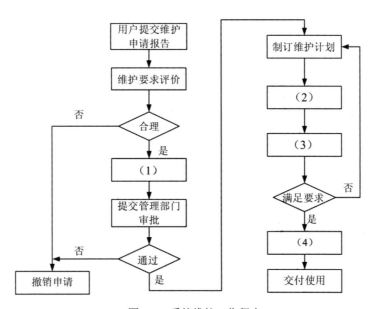

图 4-1 系统维护工作程序

（1）～（4）的备选答案：
    A．用户及管理部门审核　　B．维护经费预算　　C．进行维护并测试
    D．编制维护报告　　　　　E．更新系统文档

【问题 3】（5 分）
（1）按照维护具体目标可以将维护分成哪几类？
（2）指出本案例中的维护工作属于哪一类？

试题四分析

    本题考查系统维护的相关知识。
    此类题目要求考生了解维护计划的制订、维护程序的实施以及维护工作的基本分类等基础知识，并能将基本理论与维护工作的实际情况结合，熟练运用。

【问题 1】
    系统的维护工作不仅范围很广，而且影响因素多。因此，在设计维护计划之前，需要考虑下列三个方面的因素。
    （1）维护的背景。包括系统当前的情况、维护的对象、维护工作的复杂性与规模。
    （2）维护工作的影响。包括对新系统目标的影响、对当下工作进度的影响、对本系统其他部分的影响、对其他系统的影响。
    （3）资源的要求。包括对维护提出的时间要求、维护所需费用、维护所需的工作人员等。

【问题 2】
    系统维护工作的主要过程描述如下：
    执行维护工作的过程从用户提出"维护申请报告"开始，维护管理员要根据用户提交的申请，召集相关人员对申请内容进行审核，若情况属实就按照维护的性质、内容、预计工作量等内容编制维护报告，提交管理部门审批。
    管理部门从整个系统出发，从合理性和技术可行性方面对维护报告进行分析与审查，对于不妥的维护要求，在与用户协商的条件下予以修改或者撤销。
    通过审批的维护报告，由维护管理员根据具体情况制订维护计划。对于纠错性维护，可以根据影响程度进行安排，立即开始或者结合其他项目统筹安排。维护管理员将维护计划下达给系统管理员。系统管理员要根据单位的实际情况制订实施计划，计划维护工作的具体实施步骤的细节，然后开始具体的维护工作，修改内容要经过测试与管理部门的审核确认，只有经过确认的维护成果才能对系统进行相应的文档更新，最后交付用户使用。

【问题 3】
    按照维护的具体目标可将维护工作分为以下四类。
    （1）完善性维护，即在应用软件系统使用期间，为了不断改善和加强系统的功能和性能以满足用户日益增长的需求进行的维护性工作。
    （2）适应性维护，即为了让应用软件系统适应运行环境的变化而进行的维护活动。
    （3）纠错性维护，即纠正在开发期间未能发现的遗留错误。
    （4）预防性维护，即维护人员不是被动地等待用户提出要求，而是主动选择那些有较长使用寿命的部分加以维护。

本题涉及的维护是适应性维护。

试题四参考答案
【问题 1】
(1) 维护背景
(2) 维护工作的影响
(3) 资源的要求

【问题 2】
(1) D
(2) C
(3) A
(4) E

【问题 3】
(1) 完善性维护、适应性维护、纠错性维护、预防性维护
(2) 适应性维护

试题五（共 15 分）
阅读以下说明，回答问题 1 至问题 3，将解答填入答题纸的对应栏内。

【说明】
在信息系统管理中，访问控制是保障信息安全的主要措施，通过访问控制可以防止对计算机及计算机系统进行非授权的访问和存取，避免因越权操作导致泄密事件的发生。审计日志是信息安全事件追查的依据和线索，企业如果发生信息系统安全事件，通过审计日志可以排查责任，降低安全事件造成的损失。

前不久，某企业由于系统维护需要，在一段时间内有多家技术支持厂商在同一台计算机上进行了系统维护操作，由于该企业没有设置适当的权限并忽视了审计环节，也没有及时对该计算机日志进行维护，致使该计算机上的一份重要文件泄漏，因缺少证据和线索，无法对该事件进行追查。

请结合上述案例，从系统维护、权限管理以及信息安全防范的角度回答下列问题。

【问题 1】(6 分)
根据上述说明，对访问和使用该计算机的人员应采取哪些安全措施？

【问题 2】(6 分)
针对本案例，为避免再次发生无从追责的情况，应如何进行权限管理和日志审计？

【问题 3】(3 分)
运行管理是实现动态安全的关键环节，请简要说明运行管理的主要内容。

试题五分析
本题考查信息系统安全的相关知识，通过一个缺乏访问控制安全管理的维护工作的案例导致的信息泄密事件来考查考生对相关信息安全概念的理解和实际运用能力。

【问题 1】
对访问和使用该计算机的人员采取的措施包含两个方面的含义：其一是对访问和使用该

计算机的人员可以采用的访问控制策略，简单说就是对用户进行授权和验证，例如设置用户名、密码等；其二是对用户的操作进行的访问控制，就是对用户的操作或者存取进行限制，例如用户进入系统以后，对于文件程序类的资源进行读、写、创建、删除、修改等进行控制。

【问题 2】

为了确保安全责任的落实，从权限管理和日志审计的角度避免再次发生安全责任事件。结合本案例，首先要做到的就是从源头，即从业务系统中启用权限管理，做到不同用户访问系统使用不同的账户和口令，禁止共用账户和口令；其次是要开启操作系统、应用系统的审计功能，确保用户的每一步操作都要产生日志记录，每一步操作都可追溯。

【问题 3】

在本案例中，安全管理措施出现问题，本质上也是信息系统的运行管理出现了问题。运行管理是实现全网安全和动态安全的关键，有关的信息安全政策、计划和管理手段最终都会在运行管理机制上体现出来。一般来说，运行管理包括以下三个方面。

（1）出入管理。根据安全等级和涉密范围进行区分和控制，对人员的进入和离开以及进入的理由进行登记等限制措施。

（2）终端管理。通过终端管理对软硬件资源进行有效地管理，对应各种紧急情况的发生，不让终端处于失控状态。终端管理包括三个模块，分别是事件管理、配置管理与软件分发管理。

（3）信息管理。要对所有信息进行管理，提供信息分类和控制，健全信息管理的内容，在本案例中就包括对机密数据的特别处理流程、数据的管理职责、数据的保存期限和销毁方法等。

试题五参考答案

【问题 1】

（1）对用户授权与验证限制访问。

（2）通过存取控制来限制进入系统的用户所能做的操作。

【问题 2】（6 分）

（1）加强各业务系统的权限管理，用户权限管理到人，要禁止共用账户和口令。

（2）开启操作系统、应用系统的审计功能，确保操作人员的每一步操作内容可追溯。

【问题 3】（3 分）

（1）出入管理，落实人员进出区域、时间的审批与登记制度。

（2）终端管理，包括事件管理、配置管理和软件分发管理。

（3）信息管理，运行管理过程中，要将信息进行分类与控制。

第 3 章 2019 上半年信息系统管理工程师上午试题分析与解答

试题（1）

作为核心部件协调整个计算机系统进行正常工作的部件是__(1)__。

(1) A．运算器　　　B．控制器　　　C．存储器　　　D．I/O 设备

试题（1）分析

本题考查计算机系统基础知识。

控制器是指按照预定顺序改变主电路或控制电路的接线和改变电路中电阻值来控制电动机的启动、调速、制动和反向的主令装置。由程序计数器、指令寄存器、指令译码器、时序产生器和操作控制器组成，它是发布命令的"决策机构"，即完成协调和指挥整个计算机系统的操作。

参考答案

(1) B

试题（2）

在 CPU 执行程序的过程中，由于发生了某事件而需要 CPU 暂时中止正在执行的程序，转去处理该事件，处理完之后再回到被中止的程序继续执行，这个过程称为__(2)__。

(2) A．中断处理　　B．同步处理　　C．异步处理　　D．并发处理

试题（2）分析

本题考查计算机系统基础知识。

中断是指计算机运行过程中，出现某些意外情况须主机干预时，机器能自动停止正在运行的程序并转入处理新情况的程序，处理完毕后又返回原被暂停的程序继续运行。

参考答案

(2) A

试题（3）

按照存储容量从小到大排列的存储器为__(3)__。

(3) A．寄存器、高速缓存（Cache）、主存、辅存
　　B．高速缓存（Cache）、主存、寄存器、辅存
　　C．主存、高速缓存（Cache）、辅存、寄存器
　　D．辅存、主存、高速缓存（Cache）、寄存器

试题（3）分析

本题考查计算机系统基础知识。

冯·诺依曼计算机结构中，一个非常重要的部件就是存储器。在理想情形下，存储器应

该具备执行快、容量足和价格便宜等特点。但目前技术无法同时满足这三个目标,因此采用层次结构,典型的分层级存储器结构如下图所示。

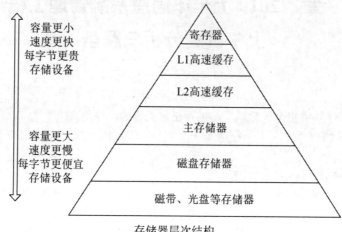

存储器层次结构

参考答案

(3) A

试题(4)

以下关于固态硬盘的叙述中,错误的是___(4)___。

(4) A. 固态硬盘采用电子芯片存储阵列存储信息
   B. 固态硬盘比传统机械硬盘的读写速度快
   C. 固态硬盘的接口规范与传统机械硬盘相同
   D. 固态硬盘中的控制单元采用机械部件构造

试题(4)分析

本题考查计算机系统基础知识。

固态硬盘是以电子存储的方式来储存数据的,主要由主控芯片、闪存芯片、固件算法等组成。机械硬盘是以磁做记忆介质的。

由于固态硬盘是半导体做记忆介质的,所以比机械硬盘的读写速度快很多,也比机械硬盘抗震动和抗摔,安全性更高。

参考答案

(4) D

试题(5)

某计算机系统中设置一个控制单元、多个处理单元和多个存储模块进行数据处理,它是通过___(5)___实现计算任务处理的并行性。

(5) A. 时间重叠   B. 资源重复   C. 资源共享   D. 编译优化

试题(5)分析

本题考查计算机系统基础知识。

系统中有多个处理单元和多个存储模块，显然属于通过资源重复的方式来实现并行性。

参考答案

（5）B

试题（6）

假设需要对编码为 1010010（八进制表示为 122）的数据进行偶校验并将校验位加在最高数据位之前，则增加校验位之后的编码用八进制表示为___（6）___。

（6）A．322　　　　B．642　　　　C．222　　　　D．242

试题（6）分析

本题考查计算机系统基础知识。

奇偶校验（Parity Check）是一种校验代码传输正确性的方法。根据被传输的一组二进制代码的数位中"1"的个数是奇数或偶数来进行校验。偶校验是指当实际数据中"1"的个数为偶数的时候，这个校验位就是"0"，否则这个校验位就是"1"，这样就可以保证传送数据满足偶校验的要求。

题中 1010010 中有 3 个"1"，是奇数，需要将校验设置为 1，从而使"1"的个数为偶数，即 11010010，从右向左 3 位一组，转换为八进制就是 322。

参考答案

（6）A

试题（7）

高级语言程序中的___（7）___表示一组相同类型变量的有序集合。

（7）A．语句　　　　B．表达式　　　　C．数组　　　　D．指针

试题（7）分析

本题考查程序语言基础知识。

高级语言程序中，表达式是表示运算的式子，语句是可以单独执行的、能够产生实际效果的代码，表达式通常包含在语句中。

数组是有序的元素序列，在程序中用来表示一组相同类型的变量。

参考答案

（7）C

试题（8）

___（8）___编程的目的不是向计算机发出指令，因此其程序不具有运算逻辑和动作特征。

（8）A．PYTHON　　　　B．XML　　　　C．JAVA　　　　D．C/C++

试题（8）分析

本题考查程序语言基础知识。

XML（可扩展标记语言）作为标准通用标记语言的子集，是一种用于标记电子文件使其具有结构性的标记语言。XML 被设计为传输和存储数据，其焦点是数据的内容。XML 是不作为的，因此其程序不具有运算逻辑和动作特征。

参考答案

（8）B

试题（9）

栈是限制为元素只能后进先出的数据结构，每个元素仅入栈和出栈各 1 次。对于初始为空的某栈，其入栈的元素序列为 1234，则__(9)__不是合法的出栈序列。

(9) A．3241　　　B．3214　　　C．3142　　　D．3421

试题（9）分析

本题考查数据结构基础知识。

栈是后进先出的数据结构，若入栈序列为 1234，且要求 3 先出栈，则栈的状态如下所示。

```
3
2
1
```

此时 3、2、1 依此出栈后，4 进栈之后出栈，即可得到序列 3214；3、2 依次出栈，然后 4 进栈并出栈，最后 1 出栈，可得到序列 3241；3 出栈后，4 进栈并出栈，然后 2 和 1 依次出栈，即可得到 3421。而 3142 是不能得到的出栈序列。

参考答案

(9) C

试题（10）

数据结构中，树描述了集合中元素之间的一对多逻辑关系，即__(10)__。

(10) A．线性关系　　　B．层次关系　　　C．网状关系　　　D．继承关系

试题（10）分析

本题考查数据结构基础知识。

数据结构中的树是由 n（$n \geq 1$）个有限结点组成的一个具有层次关系的集合。

参考答案

(10) B

试题（11）

计算机算法是对特定问题求解步骤的一种描述，算法的可行性是指__(11)__。

(11) A．对于合法输入和非法输入都能进行适当的处理
　　　B．算法对任何输入值都在执行有穷步骤后结束
　　　C．算法能正确地处理给定的问题并给出正确的结果
　　　D．算法中所描述的操作可以通过已经实现的基本操作执行有限次来完成

试题（11）分析

本题考查算法概念。

算法（algorithm）是对特定问题求解步骤的一种描述，它是指令的有限序列，其中每一条指令表示一个或多个操作。此外，一个算法还具有下列五个重要特性：

①有穷性。一个算法必须总是（对任何合法的输入值）在执行有穷步之后结束，且每一步都可在有穷时间内完成。

②确定性。算法中每一条指令必须有确切的含义，读者理解时不会产生二义性。即对于相同的输入只能得出相同的输出。

③可行性。一个算法是可行的，即算法中描述的操作都是通过已经实现的基本运算执行有限次来实现的。

④输入。一个算法有零个或多个输入，这些输入取自于某个特定的对象的集合。

⑤输出。一个算法有一个或多个输出，这些输出是同输入有着某种特定关系的量。

通常设计一个"好"的算法应考虑达到以下目标：①正确性，即算法应当能够正确地处理待求解问题；②可读性，即算法应当具有良好的可读性，以助于人们理解；③健壮性，当输入非法数据时，算法也能适当地做出反应或进行处理，而不会产生莫名其妙的输出结果；④效率与低存储量需求，效率是指算法执行的时间，存储量需求是指算法执行过程中所需要的最大存储空间，这两者都与问题的规模有关。

参考答案

（11）D

试题（12）

在 Windows 7 操作系统中，___（12）___可用于各个应用程序之间相互交换信息。

（12）A．文件　　　　B．文件夹　　　　C．回收站　　　　D．剪贴板

试题（12）分析

本题考查剪贴板的作用。剪贴板是内存中的一块区域，是为应用程序之间相互传送信息所提供的一个缓存区。在 Windows 7 中，剪贴板只能使用一次，存放的是最后一次剪贴或复制的内容，但可以粘贴多次。"回收站"是硬盘上的一块区域，用于存放从硬盘删除的文件。

参考答案

（12）D

试题（13）

若某文件系统的目录结构如下图所示，假设用户要访问文件 book2.doc，且当前工作目录为 MyDrivers，则该文件的绝对路径和相对路径分别为___（13）___。

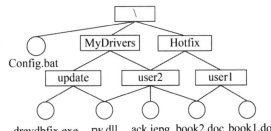

（13）A．MyDrivers \user2\和\user2\　　　　B．\MyDrivers \user2\和\user2\
　　　C．\MyDrivers \user2\和 user2\　　　　D．MyDrivers \user2\和 user2\

试题（13）分析

本题考查操作系统文件管理方面的基础知识。

按查找文件的起点不同可以将路径分为绝对路径和相对路径。从根目录开始的路径称为绝对路径；从用户当前工作目录开始的路径称为相对路径，相对路径是随着当前工作目录的变化而改变的。

参考答案

（13）C

试题（14）

"从减少成本和缩短研发周期考虑，要求嵌入式操作系统能运行在不同的微处理器平台上，能针对硬件变化进行结构与功能上的配置"是属于嵌入式操作系统的__(14)__特点。

（14）A．可定制　　　　B．实时性　　　　C．可靠性　　　　D．易移植性

试题（14）分析

本题考查嵌入式操作系统的基本概念。

嵌入式操作系统的主要特点包括微型化、可定制、实时性、可靠性和易移植性。其中，可定制是指从减少成本和缩短研发周期考虑，要求嵌入式操作系统能运行在不同的微处理器平台上，能针对硬件变化进行结构与功能上的配置，以满足不同应用需要。

参考答案

（14）A

试题（15）

数据库系统中，构成数据模型的三要素是__(15)__。

（15）A．网状模型、关系模型、面向对象模型
　　　B．数据结构、网状模型、关系模型
　　　C．数据结构、数据操纵、完整性约束
　　　D．数据结构、关系模型、完整性约束

试题（15）分析

本题考查数据库系统的基础知识。

数据模型是数据库中非常核心的内容。一般来讲，数据模型是严格定义的一组概念的集合。这些概念精确地描述了系统的静态特性、动态特性和完整性约束条件。因此数据模型通常由数据结构、数据操纵和完整性约束三要素构成。外模式、模式和内模式是数据库系统的三级模式结构。数据库领域中常见的数据模型有网状模型、层次模型、关系模型和面向对象模型。实体、联系和属性是概念模型的三要素，概念模型又称为信息模型，是数据库中的一类模型，它和数据模型不同，是按用户的观点来对数据和信息建模的。

参考答案

（15）C

试题（16）

假设事务 T_1 对数据 D_1 加了共享锁，事务 T_2 对数据 D_2 加了排它锁，那么__(16)__。

（16）A．事务 T_2 对数据 D_1 加排它锁成功
　　　B．事务 T_1 对数据 D_2 加共享锁成功，加排它锁失败
　　　C．事务 T_1 对数据 D_2 加排它锁或共享锁都成功
　　　D．事务 T_1 对数据 D_2 加排它锁或共享锁都失败

试题（16）分析

本题考查数据库并发控制方面的基础知识。

根据题干"事务 T_1 对数据 D_1 加了共享锁",那么事务 T_2 不能对数据 D_1 加排它锁。故选项 A 是错误的。根据题干"事务 T_2 对数据 D_2 加了排它锁",那么其他事务对数据 D_2 不能再加共享锁或排它锁,即不能读取或修改数据 D_2。故选项 B、选项 C 都是错误的。

参考答案

（16）D

试题（17）

给定关系 $R(A,B,C,D,E)$ 和关系 $S(A,C,E,F,G)$,对其进行自然连接运算 $R \bowtie S$ 后其结果集的属性列为 __（17）__。

(17) A. 6个,即为 $R.A, R.C, R.E, S.A, S.C, S.E$
  B. 7个,即为 $R.A, R.B, R.C, R.D, R.E, S.F, S.G$
  C. 8个,即为 $R.A, R.B, R.C, R.D, R.E, S.A, S.C, S.E$
  D. 10个,即为 $R.A, R.B, R.C, R.D, R.E, S.A, S.C, S.E, S.F, S.G$

试题（17）分析

本题考查关系数据库基础知识。

自然连接是一种特殊的等值连接,它要求两个关系中进行比较的分量必须是相同的属性组,并且在结果集中将重复属性列去掉。对关系 $R(A,B,C,D,E)$ 和关系 $S(A,C,E,F,G)$ 进行自然连接运算后的属性列应为 7 个,即为 $R.A, R.B, R.C, R.D, R.E, S.F, S.G$。

参考答案

（17）B

试题（18）

给定关系 $R<U,F>$, $U=\{A_1, A_2, A_3, A_4, A_5\}$, $F=\{A_1 \rightarrow A_2, A_2 \rightarrow A_3, A_1A_4 \rightarrow A_5\}$。关系模式 R 的候选关键字为 __（18）__。

(18) A. A_1 B. A_2 C. A_1A_4 D. A_4A_5

试题（18）分析

本题考查关系数据库基础知识。

候选码定义如下：设 K 为 $R<U,F>$ 中的属性的组合,若 $K \rightarrow U$,且对于 K 的任何一个真子集 K',都有 K' 不能决定 U,则 K 为 R 的候选码（Candidate Key）。选项 A、选项 B 和选项 D 不能决定 U,故是错误的。选项 C 是正确的,因为 $(A_1A_4)_F^+ = U$,即 A_1A_4 的闭包为全属性,所以 A_1A_4 为 R 的候选码。

参考答案

（18）C

试题（19）～（21）

某高校教学管理系统中的院系关系 Department 和学生关系 Students 的模式分别为：Department（院系号,院系名,负责人号,电话）,学生关系 Students（学生号,姓名,身份证号,院系号,联系电话,家庭住址）。若关系 Students 中的属性"家庭住址"可以进一步分为邮编、省、市、街道,则该属性为 __（19）__。关系 Students 中 __（20）__。请将下面的 SQL 语句空缺部分补充完整。

```
CREATE TABLE Students(学生号 CHAR(8) PRIMARY KEY，姓名 CHAR(10)，
                     身份证号 CHAR(13)，院系号 CHAR(13)，
                     联系电话 CHAR(13)，家庭住址 CHAR(30)
                     FOREIGN KEY   （21） ）；
```

(19) A. 简单属性　　　B. 复合属性　　　C. 多值属性　　　D. 派生属性

(20) A. 有1个候选键，为学生号
　　 B. 有2个候选键，为身份证号和院系号
　　 C. 有2个候选键，为学生号和身份证号
　　 D. 有2个候选键，为学生号和院系号

(21) A. (联系电话) REFERENCESDepartment (电话)
　　 B. (院系号) REFERENCESDepartment (院系号)
　　 C. (院系号) REFERENCESStudents (院系号)
　　 D. (负责人号) REFERENCESStudents (学生号)

试题（19）～（21）分析

本题考查数据库系统的基础知识。

复合属性可以细分为更小的部分。根据题干"关系 Students 中的属性'家庭住址'可以进一步分为邮编、省、市、街道"，故家庭住址是复合属性。

学生关系中的属性学生号或者身份证号都可以唯一标识该关系的每一个元组，根据候选码的定义，学生号或者身份证号都可以作为候选键。

试题（21）考查关系的外键，对于 Students 关系中的院系号是一个外键，为了保证数据的正确性，通过参照完整性加以约束。SQL 语言中是通过使用如下保留字：FOREIGN KEY 定义外键，REFERENCES 指明外码对应于哪个表的主码。

参照完整性定义格式为：FOREIGN KEY（属性名）REFERENCES 表名（属性名）

按照以上所述，将（21）空缺部分补充完整的 SQL 语句如下：

```
CREATE TABLE S (学生号 CHAR(8) PRIMARY KEY，姓名 CHAR(10)，
               身份证号 CHAR(13)，院系号 CHAR(13)，
               联系电话 CHAR(13)，家庭住址 CHAR(30)
               FOREIGN KEY (院系号) REFERENCESDepartment (院系号) );
```

参考答案

（19）B　　（20）C　　（21）B

试题（22）

某企业信息系统采用分布式数据库系统，"当某一场地故障时，系统可以使用其他场地上的复本而不至于使整个系统瘫痪"称为分布式数据库的__（22）__。

(22) A. 共享性　　　B. 自治性　　　C. 可用性　　　D. 分布性

试题（22）分析

本题考查对分布式数据库基本概念的理解。

在分布式数据库系统中，共享性是指数据存储在不同的结点数据共享；自治性指每结点

对本地数据都能独立管理；可用性是指当某一场地故障时，系统可以使用其他场地上的副本而不至于使整个系统瘫痪；分布性是指数据在不同场地上的存储。

参考答案

（22）C

试题（23）

防火墙通常可分为内网、外网和 DMZ 三个区域。按照受保护程度，从高到低正确的排列次序为__（23）__。

（23）A．内网、外网和 DMZ　　　　　　B．内网、DMZ 和外网
　　　　C．DMZ、内网和外网　　　　　　D．外网、内网和 DMZ

试题（23）分析

本题考查防火墙的基础知识。

通过防火墙我们可以将网络划分为三个区域：安全级别最高的 LAN Area（内网），安全级别中等的 DMZ 区域和安全级别最低的 Internet 区域（外网）。三个区域因担负不同的任务而拥有不同的访问策略。通常的规则如下：

（1）内网可以访问外网：内网的用户需要自由地访问外网。在这一策略中，防火墙需要执行 NAT。

（2）内网可以访问 DMZ：此策略使内网用户可以使用或者管理 DMZ 中的服务器。

（3）外网不能访问内网：这是防火墙的基本策略，内网中存放的是公司内部数据，显然这些数据是不允许外网的用户进行访问的。如果要访问，就要通过 VPN 方式来进行。

（4）外网可以访问 DMZ：DMZ 中的服务器需要为外界提供服务，所以外网必须可以访问 DMZ。同时，外网访问 DMZ 需要由防火墙完成对外地址到服务器实际地址的转换。

（5）DMZ 不能访问内网：如不执行此策略，则当入侵者攻陷 DMZ 时，内部网络将不会受到保护。

（6）DMZ 不能访问外网：此条策略也有例外，可以根据需要设定某个特定的服务器能够访问外网，以保证该服务器正常工作。

综上所述，防火墙区域按照受保护程度从高到低正确的排列次序应为内网、DMZ 和外网。

参考答案

（23）B

试题（24）

"保证合法用户对信息和资源的使用不会被不正当地拒绝""保证数据的一致性，防止数据被非法用户篡改。"分别属于信息安全的__（24）__基本要素。

（24）A．可用性、可控性　　　　　　　　B．可用性、完整性
　　　　C．机密性、完整性　　　　　　　　D．机密性、可审查性

试题（24）分析

本题考查信息安全基础知识。

信息安全的基本要素包括：真实性、机密性、完整性、可用性、不可抵赖性、可控性和

可审查性。其中:
- 真实性:对信息的来源进行判断,能对伪造来源的信息予以鉴别。
- 机密性:确保信息不暴露给未授权的实体或进程。
- 完整性:保证数据的一致性,防止数据被非法用户篡改。
- 可用性:保证合法用户对信息和资源的使用不会被不正当地拒绝。
- 不可抵赖性:建立有效的责任机制,防止用户否认其行为,这一点在电子商务中是极为重要的。
- 可控性:可以控制授权范围的信息内容、流向和行为方式。
- 可审查性:为出现的网络安全问题提供调查的依据和手段。

参考答案

(24) B

试题(25)

某股票运营公司的股票信息系统出现了如下问题,其中最严重、影响面最大的问题是__(25)__。

(25) A.客户资料丢失 B.客户经理生病
C.计算机软件系统崩溃 D.计算机硬件设备故障

试题(25)分析

客户资料丢失对社会的影响面大,会给客户造成各种损失。其他问题会造成一定的损失,但这些损失是可预计的并且可以在公司内部解决,影响面小。

参考答案

(25) A

试题(26)

以下选项中,__(26)__是我国著作权法所保护的对象。

(26) A.时事新闻 B.计算机保护条例
C.计算机文档 D.通用表格和公式

试题(26)分析

本题考查知识产权基础知识。软件著作权保护的对象是指著作权法保护的计算机软件,包括计算机程序及其有关文档。软件文档是指用自然语言或者形式化语言所编写的文字资料和图表,以用来描述程序的内容、组成、设计、功能、开发情况、测试结果及使用方法等,如程序设计说明书、流程图、数据流图、用户手册等。

《中华人民共和国著作权法》第五条规定"本法不适用于:

(一)法律、法规,国家机关的决议、决定、命令和其他具有立法、行政、司法性质的文件,及其官方正式译文;

(二)时事新闻;

(三)历法、通用数表、通用表格和公式。"

计算机保护条例属于行政、司法性质文件,不受《中华人民共和国著作权法》所保护。

参考答案

（26）C

试题（27）

如果张三将盗版软件给李四使用，李四不知道该软件是盗版的，那么 __（27）__ 。

（27）A．应由张三承担侵权责任

　　　B．应由李四承担侵权责任

　　　C．应由张三和李四共同承担侵权责任

　　　D．张三和李四都不承担侵权责任

试题（27）分析

"盗版软件"即侵权的软件复制品。《计算机软件保护条例》使用了软件侵权复制品持有人主观上知道或者应当知道所持软件是否为侵权复制品为标准。知道软件是侵权复制品而使用运行，持有人主观上应当属于故意，即明知故犯。有合理理由推论或者认定持有人应当知道其对所使用运行的软件为侵权复制品，如主观上存有疏忽大意等过失，而使用运行了侵权复制品，应当承担法律责任。主观上不知或者没有合理理由应知的持有人，对该软件的使用运行等行为不承担民事赔偿责任。但是当其一旦知道了所使用的软件为侵权复制品时，应当履行停止使用、销毁该软件的法律义务。

《计算机软件保护条例》第二十八条规定，软件复制品的出版者、制作者不能证明其出版、制作有合法授权的，或者软件复制品的发行者、出租者不能证明其发行、出租的复制品有合法来源的，应当承担法律责任。

参考答案

（27）A

试题（28）

按照 ISO 的 OSI/RM 的分法，计算机网络的体系结构参考模型分为 __（28）__ 。

（28）A．3层　　　　B．5层　　　　C．7层　　　　D．2层

试题（28）分析

本题考查对计算机网络体系结构的基本认识。

国际标准化组织（International Organization for Standardization，ISO）为了使网络应用更为普及，由开放式系统互联（Open System Interconnect，OSI）组织推出了网络互联模型，即 OSI/RM（Reference Model），一般称作 OSI 参考模型。该体系结构标准定义了网络互联的七层框架（物理层、数据链路层、网络层、传输层、会话层、表示层和应用层），即开放系统互联参考模型。

参考答案

（28）C

试题（29）

TCP/IP 是国际互联网（Internet）事实上的工业标准，它包含了多个协议，所以也称它为协议簇或者协议栈。该协议簇的两个核心协议是其本身所指的两个协议集，即 __（29）__ 。

（29）A．共享协议和分享协议

B．用户数据报和分层协议
C．传输控制协议和互联网络协议
D．远程控制协议和近程邮件协议

试题（29）分析

本题考查对互联网络协议的基本认识。

互联网协议套件（Internet Protocol Suite）是一个网络通信模型，涉及整个网络传输协议家族，为互联网的基础通信架构。通常称为 TCP/IP 协议族（TCP/IP Protocol Suite，或 TCP/IP Protocols），简称 TCP/IP。该协议簇本身所指的两个核心协议是 TCP（传输控制协议）和 IP（互联网络协议，也称网际协议）。

综上所述，可以看出该协议簇的两个核心协议是其本身所指的 TCP（传输控制协议）和 IP（互联网络协议）。

参考答案

（29）C

试题（30）

数据通信模型按照数据信息在传输链路上的传送方向，可以分为三类。下列选项中，__(30)__ 不属于这三类传输方式。

（30）A．单工通信：信号只能向一个方向传送
B．半双工通信：信息的传递可以是双向的
C．全双工通信：通信的双方可以同时发送和接收信息
D．全单工通信：信号同时向两个方向传输

试题（30）分析

本题考查对计算机网络传输基础知识的掌握程度。

数据通信是计算机网络中解决传输问题的重要技术，按照数据信息在传输链路上的传输方向，数据通信模型的分类包括：单工通信，信号只能向一个方向传送；半双工通信，信息的传递可以是双向的；全双工通信，通信的双方可以同时发送和接收信息。没有全单工这样的提法。

参考答案

（30）D

试题（31）

以太网（Ethernet）是一种计算机局域网技术，由美国 Xerox 等公司研发并推广。以太网协议定义了一系列软件和硬件标准，从而将不同的计算机设备连接在一起。以太网技术规范是一个工业标准，下列选项中不属于其技术规范的是 __(31)__ 。

（31）A．拓扑结构：总线型
B．介质访问控制方式：CSMA/CD
C．最大传输距离：2.5m（采用中继器）
D．传输介质：同轴电缆（50Ω）或双绞线

试题（31）分析

本题考查对局域网组网技术的掌握程度。

通常，习惯上把 802.3 局域网称为以太网，实际上 IEEE 802.3 局域网络协议基本上与 Ethernet 技术规范一致。作为工业标准，它的主要技术规范包括：总线型拓扑、介质访问控制方式是 CSMA/CD、传输速率是 10Mb/s、传输介质是同轴电缆（50Ω）或双绞线等、最大传输距离是 2.5km（采用中继器）等。

综上所述，可以看出其规范中最大传输距离是 2.5km，不是 2.5m。

参考答案

（31）C

试题（32）

一般来说，网络管理就是通过某种方式对网络状态进行调整，使网络能正常、高效地运行。下列选项中不属于网络管理范围的是__(32)__。

(32) A．网络性能管理　　　　　　　B．网络设备和应用配置管理
　　　C．网络利用和计费管理　　　　D．等保测评和风险评估

试题（32）分析

本题考查对网络管理的认知程度。

任何一个系统都需要管理，根据系统的大小、复杂程度，其管理成本和重要性都会有所不同。网络管理就是通过某种方式对网络状态进行调整，使网络能正常、高效地运行。具体来讲，就是使网络中的各种资源得到更加高效的利用，当网络出现故障时能及时作出报告和处理，并协调、保持网络的高效运行。结合 ISO 的网络管理模型，它涉及五部分内容：网络性能管理、网络设备和应用配置管理、网络利用和计费管理、应用故障管理、安全管理。而等保测评和风险评估是对系统进行安全评估的。

参考答案

（32）D

试题（33）

从 IPv4 的地址构造来看，其表达的网络地址数是有限的。现在有一个 C 类地址：210.34.198.X，意味着这个地址唯一标识一个物理网络，该网络最多可以有 255 个结点。但若此时有多个物理网络要表示，且每个物理网络的结点数较少，则需要采用子网划分技术，用部分结点位数作为表达子网的位数。此处用结点数的前两位作为子网数，就可以区分 4 个子网了。此时其对应的子网掩码是__(33)__。

(33) A．255.255.255.256　　　　　　B．255.255.255.128
　　　C．255.255.255.198　　　　　　D．255.255.255.192

试题（33）分析

本题考查对网络应用中的 IP 地址和子网掩码的理解。

互联网中 IP 地址具有固定、规范的格式。对于 IPv4 来说，TCP/IP 协议规定，每个地址由 32 个二进制位组成，每 8 位为一组，每组所能表达的十进制数为 0~255，组之间用逗号隔开。IP 地址分成五类，即 A 类地址、B 类地址、C 类地址、D 类地址和 E 类地址。采用

子网划分技术的目的是更好且灵活解决网络地址的应用问题。针对 C 类地址而言，其子网掩码通常是 255.255.255.0，但本题中将原表达结点的前两位用来表达子网，所以其最后一组的掩码二进制形式是 11000000，换算成十进制是 192。

参考答案

（33）D

试题（34）

软件工程的基本要素包括方法、工具和__（34）__。

（34）A．软件系统　　　　B．硬件环境　　　　C．过程　　　　D．人员

试题（34）分析

本题考查软件工程的基本要素。

软件工程是层次化的，从底向上分别为质量、过程、方法和工具。

参考答案

（34）C

试题（35）

系统可维护性的评价指标不包括__（35）__。

（35）A．可理解性　　　　B．可移植性　　　　C．可测试性　　　　D．可修改性

试题（35）分析

本题考查系统可维护性评价指标。

软件的可维护性是指维护人员理解、改正、改动和改进这个软件的难易程度，是软件开发阶段各个时期的关键目标。软件系统的可维护性评价指标包括可理解性、可测试性、可修改性。

参考答案

（35）B

试题（36）

以下关于项目估算的叙述中，不正确的是__（36）__。

（36）A．需要估算的项目参数包括项目规模、工作量、项目持续时间和成本
　　　　B．项目估算是制订项目开发计划的基础和依据
　　　　C．用专家判断方法进行项目估计会得到不精确的估算值
　　　　D．启发式估算方法如 COCOMO II 模型可以得到精确的估算值

试题（36）分析

本题考查项目估算的相关知识。

项目估算是制订项目开发计划的基础，估算参数包括项目规模、工作量、项目持续时间和成本等，常见的项目估算方法有成本建模技术、专家判断技术、类比评估方法等。COCOMO 模型是普及程度比较高的一种自顶向下项目成本估算模型，是比较精确且易于使用的成本估算方法。而启发式估算方法成本相对较低，而且较为快捷，精度不高。

参考答案

（36）D

试题（37）

以下关于敏捷方法的叙述中，不正确的是 __(37)__ 。

(37) A．相对于过程和工具，更强调个人和交互
　　 B．相对于严格的文档，更重视可工作的软件
　　 C．相对于与客户的合作，更注重合同谈判
　　 D．相对于遵循计划，更专注于对变化的响应

试题（37）分析

本题考查敏捷方法的相关知识。

敏捷开发是一种以人为核心、迭代、循序渐进的开发方法。敏捷软件开发宣言：相对于过程和工具，更强调个人和交互；相对于严格的文档，更重视可工作的软件；相对于合同谈判，更注重与客户的合作；相对于遵循计划，更专注于对变化的响应。

参考答案

(37) C

试题（38）

某互联网企业使用 Bug 管理工具来管理 Bug，支持 Bug 录入、追踪等功能。该工具属于 __(38)__ 。

(38) A．面向作业处理的系统　　　　B．面向管理控制的系统
　　 C．面向决策计划的系统　　　　D．面向数据汇总的系统

试题（38）分析

本题考查对信息系统类型的理解及应用。

根据信息服务对象的不同，企业中的信息系统可以分为三类：①面向作业处理的系统，包括办公自动化系统、事务处理系统、数据采集与监测系统；②面向管理控制的系统，包括电子数据处理系统、知识工作支持系统和计算机集成制造系统；③面向决策计划的系统，包括决策支持系统、战略信息系统和管理专家系统。因此该工具属于面向作业处理的系统。

参考答案

(38) A

试题（39）

以下不属于信息系统层次结构的是 __(39)__ 。

(39) A．战略计划层　　B．战术管理层　　C．技术实施层　　D．业务处理层

试题（39）分析

本题考查信息系统层次结构的划分知识。

在实际应用中，一般由上到下把企业管理活动分为三个不同的层次：战略计划层、战术管理层和业务处理层。

参考答案

(39) C

试题（40）

以下关于信息系统组成的叙述中，不正确的是 __(40)__ 。

(40) A. 信息系统包括底层通信系统
　　　B. 信息系统包括办公场地和仪器设备
　　　C. 信息系统包括非计算机系统的信息收集和处理设备
　　　D. 信息系统包括相关的规章制度和工作人员

试题（40）分析

本题考查信息系统的组成。

信息系统是由计算机硬件、计算机软件、网络和通信设备、信息资源、信息用户和规程组成的以处理信息流为目的的人机一体化系统，因此不包括办公场地。

参考答案

（40）B

试题（41）

以下关于信息系统的叙述中，不正确的是___（41）___。

(41) A. 信息系统输入数据，输出信息
　　　B. 信息系统中用"反馈"来调整或改变输入输出
　　　C. 在计算机出现之前没有信息系统
　　　D. 信息系统输出的信息必定是有用的

试题（41）分析

本题考查信息系统的相关知识。

信息系统是能够接收输入数据和指令并按照指令处理数据，生成并输出有用信息的系统，并可以通过反馈机制来调整输入输出。信息系统的概念早在计算机出现之前就已提出，但那时只是手工操作系统和机械操作系统。

参考答案：

（41）C

试题（42）

信息系统项目的采购管理不包括___（42）___。

(42) A. 采购计划　　　B. 人员获得　　　C. 来源选择　　　D. 合同管理

试题（42）分析

本题考查项目采购管理的过程概念。

项目采购管理的主要过程包括：

①采购计划：对采购方式、采购任务分配、品目进行管理，包括采购打包、采购方式审批、品目确定；②实施采购：对采购执行过程、招标过程管理，包括采购来源选择、采购状态、采购结果登记、采购结果审批；③合同管理：对采购合同进行管理，包括合同变更、合同模板、合同终止、保证金提醒；④项目实施：对项目验收执行过程管理，包括验收结果登记、付款登记、报增固定资产等过程。

参考答案

（42）B

试题（43）

以下关于信息系统项目的叙述中，不正确的是__(43)__。

(43) A. 信息系统项目目标不精确

B. 信息系统项目任务边界模糊

C. 开发过程中费用很少变化

D. 信息系统项目受人力资源影响大

试题（43）分析

本题考查信息系统项目相关的特点。

信息工程项目投资构成包括工程前期费用、监理费、咨询/设计费用、工程费用、第三方工程测试费用、工程验收费用、系统运行维护费用、风险费用和其他费用，会随着项目开发过程中产生的各种问题而变动。信息系统项目的特点是：目标是不精确的、变更比较频繁、受人力资源的影响很大。

参考答案

(43) C

试题（44）

以下关于信息系统项目管理的叙述中，不正确的是__(44)__。

(44) A. 项目管理是一项复杂的工作

B. 项目管理不需要创造性

C. 项目管理需要建立专门的项目组织

D. 项目负责人在管理过程中起重要作用

试题（44）分析

本题考查项目管理的特点。

项目管理的特点是：①项目管理是一项复杂的工作；②项目管理具有创造性；③项目管理需要集权领导和建立专门的项目组织；④项目管理者或项目经理在项目管理中起着非常重要的作用。

参考答案

(44) B

试题（45）

以下关于系统说明书的叙述中，不正确的是__(45)__。

(45) A. 系统说明书的描述要全面

B. 系统说明书要描述系统各部分的相互联系

C. 系统说明书要表达清楚

D. 系统说明书要尽可能的复杂

试题（45）分析

系统说明书是系统分析阶段工作的全面总结，系统说明书应达到的基本要求是全面、系统、准确、翔实、清晰地表达系统开发的目标、任务和系统功能，要达到的目标是定义系统的各个组成部分、描述各个部分的结构、描述各个部分的相互关系以及它们如何相互协调工作、产生物理设计的基础。

参考答案

(45) D

试题（46）

以下选项中，__(46)__ 不属于实体联系图。

(46) A．实体　　　　B．数据流　　　　C．联系　　　　D．属性

试题（46）分析

本题考查实体联系图的概念。

实体联系图描述系统的逻辑结构，包括实体、联系和属性三个基本成分。数据流不是实体联系图的组成部分。

参考答案：

(46) B

试题（47）

以下选项中，__(47)__ 不属于统一建模语言中的图。

(47) A．用例图　　　B．行为图　　　C．交互图　　　D．数据流图

试题（47）分析

本题考查统一建模语言中的模型图。

统一建模语言提供九种图：用例图；类图；对象图；行为图，包括活动图、状态图；交互图，包括顺序（时序）图、协作（合作）图；构件（组件）图；部署（配置）图。数据流图不属于统一建模语言中的图。

参考答案

(47) D

试题（48）

结构化模块设计的辅助工具不包括__(48)__。

(48) A．系统流程图　　B．HIPO 技术　　C．数据流程图　　D．模块结构图

试题（48）分析

本题考查结构化模块设计过程中的辅助工具知识。

结构化模块设计的辅助工具有系统流程图、HIPO 技术和模块结构图。

参考答案

(48) C

试题（49）

以下不属于软件系统结构设计原则的是__(49)__。

(49) A．分解协调原则　　　　　　　　　B．信息隐蔽原则
　　　C．自底向上原则　　　　　　　　　D．一致性原则

试题（49）分析

本题考查软件系统结构设计的原则。

软件系统结构设计原则有：①分解协调原则；②信息隐蔽、抽象原则；③自顶向下原则；

④一致性原则；⑤面向用户的原则。
参考答案
　　（49）C
试题（50）
　　以下关于数据库设计的叙述中，不正确的是__（50）__。
　　（50）A．用户需求分析确定信息系统的使用者及管理员对数据的要求
　　　　　B．概念设计一般采用 E-R 模型来构建
　　　　　C．逻辑结构设计将概念模型转换为数据库管理系统支持的数据模型
　　　　　D．物理设计以概念设计结果为输入，选择合适的存储结构和存储方法
试题（50）分析
　　本题考查数据库设计的相关知识。
　　数据库需求分析的重点是调查、收集和分析用户数据管理中的信息需求、处理需求、安全性与完整性要求。E-R 模型在概念结构设计阶段用来描述信息需求和要存储在数据库中的信息的类型。逻辑结构设计是将概念结构设计阶段所得到的概念模型转换为具体 DBMS 所能支持的数据模型。物理设计是选择合适的存储结构和存储方法。
参考答案
　　（50）D
试题（51）
　　以下不属于面向对象程序设计特性的是__（51）__。
　　（51）A．封装性　　　B．继承性　　　C．完整性　　　D．多态性
试题（51）分析
　　本题考查面向对象程序设计的特性。
　　面向对象程序设计特性：抽象、封装、继承、多态。故完整性不属于面向对象程序设计特性。
参考答案
　　（51）C
试题（52）
　　以下关于单元测试的叙述中，不正确的是__（52）__。
　　（52）A．单元测试是指对软件中的最小可测试单元进行检查和验证
　　　　　B．单元测试是在软件开发过程中要进行的最低级别的测试活动
　　　　　C．结构化编程语言中的测试单元一般是函数或子过程
　　　　　D．单元测试不能由程序员自己完成
试题（52）分析
　　本题考查软件测试基础知识。
　　单元测试是指对软件中的最小可测试单元进行检查和验证；单元测试是在软件开发过程中要进行的最低级别的测试活动，软件的独立单元将在与程序的其他部分相隔离的情况下进行测试。传统的结构化编程语言中，比如 C 语言，要进行测试的单元一般是函数或子过程。

在像 C++这样的面向对象的语言中,要进行测试的基本单元是类。单元测试一般是由程序员自己来完成。

参考答案:

(52) D

试题 (53)

某工厂已有一套 ERP 系统,但无法满足新的需求,要上线一套新的 ERP 系统,新系统上线后直接停用已有系统,这种系统转换方式属于___(53)___。

(53) A. 分段转换　　　B. 直接转换　　　C. 并行转换　　　D. 串行转换

试题 (53) 分析

本题考查对新旧系统转换方式的掌握情况。

新旧系统之间有三种转换方式:直接转换、并行转换和分段转换。其中,直接转换是在确定新系统试运行正常后,启用新系统的同时终止旧系统;并行转换是新旧系统并行工作一段时间,经过足够的时间考验后,新系统正式代替旧系统;分段转换则是用新系统一部分一部分地替换旧系统。新系统上线直接替换已有系统属于直接转换。

参考答案

(53) B

试题 (54)

IT 系统管理工作的 IT 部门人员管理包括 IT 组织及职责设计、IT 人员的教育与培训及第三方/外包的管理。其中 IT 组织设计原则涉及多方面内容,下面___(54)___不属于这些组织设计原则应考虑的内容。

(54) A. IT 部门应该设立清晰的愿景和目标
　　　B. 根据 IT 部门的服务内容重新思考和划分部门职能
　　　C. 扩充 IT 系统支持人员
　　　D. 建立目标管理制度、项目管理制度

试题 (54) 分析

本题考查对 IT 系统管理工作中的部门人员管理的认识。

IT 部门人员管理包括 IT 组织及职责设计、IT 人员的教育与培训及第三方/外包的管理。而对 IT 组织及职责设计来说,IT 组织架构及职责应能充分支持 IT 战略规划并足以使 IT 业务与目标趋于一致,并且应该有明确的职责设计,在进行 IT 组织及职责设计中,应注重设立清晰的愿景和目标,根据 IT 部门的服务内容重新思考和划分部门职能,建立目标管理制度、项目管理制度,建立科学的现代人力资源管理体系和薪酬考核体系,使 IT 组织柔性化等。对于人员的管理要求有科学的人力资源管理体系和绩效考核,而不是一味盲目地扩充人员。

综上所述,可以看出组织设计原则没有扩充 IT 系统支持人员的提法。

参考答案

(54) C

试题（55）

系统日常操作管理是整个 IT 管理中直接面向客户并且是最为基础的部分，从广义的角度讲，运行管理所反映的是 IT 管理的一些日常事务，它们除了确保基础架构的可靠性之外，还需要保证基础架构的运行始终处于最优的状态。下面选项中，不属于系统日常操作管理范围的是__(55)__。

(55) A．企业财务状况评估及调度管理
　　　B．作业调度管理
　　　C．帮助服务台管理
　　　D．性能及可用性保障

试题（55）分析

本题考查对系统日常操作管理中的系统日常操作范围的理解与掌握。

IT 系统日常操作管理中的日常操作范围涉及企业多项日常管理工作：作业调度管理、帮助服务台管理、故障管理及用户支持、性能及可用性保障和输出管理等内容。没有专门针对企业财务状况的评估及调度管理的提法。

综上所述，可以看出无企业财务状况评估及调度管理的提法。

参考答案

(55) A

试题（56）

现在的 IT 系统运行环境发生了很大变化，特别是分布式环境中的管理系统在管理复杂环境、提高管理生产率及应用的业务价值方面表现出了更好的优越性。这些优越性不包括下列选项中的__(56)__。

(56) A．物联网络资源使用考核　　　B．跨平台管理
　　　C．可扩展性和灵活性　　　　D．可视化的管理

试题（56）分析

本题考查对分布式系统的管理工作内容的正确理解。

现在的 IT 系统运行环境带来了新的管理挑战。特别是在有的应用领域，系统中包括了不同的主机、不同类型的网络、多种平台和操作系统、多种数据库、各种应用软件等，而分布式环境中的管理系统在管理复杂环境、提高管理生产率及应用的业务价值方面表现出了更好的优越性。这些优越性包括：跨平台管理、可扩展性和灵活性、可视化的管理及智能化技术。这是从宏观、整体的角度去评判，不涉及物联网络资源使用考核的问题。

综上所述，物联网络资源使用考核不在这些优越性之列。

参考答案

(56) A

试题（57）

IT 资源管理中的硬件配置管理，硬件经常被划分为各类配置项（Configuration Item，CI）。一个 CI 或一组 CI 在其生命周期的不同时间点上通过正式评审而进入正式受控的一种状态称为基线。下列选项中，__(57)__ 不属于基线的属性。

(57) A．通过正式的评审过程建立
　　　B．基线存于基线库中，基线的变更接受更高权限的控制
　　　C．硬件的正确性管理
　　　D．基线是进一步开发和修改的基准和出发点

试题（57）分析

本题考查对 IT 资源管理中的硬件配置管理的理解。

IT 资源管理中，硬件配置管理包括了对各 CI 进行标识并对它们的配置的修改和控制的过程。一个 CI 或一组 CI 在其生命周期的不同时间点上通过正式评审而进入正式受控的一种状态称为基线。基线的属性有：通过正式的评审过程建立，基线存于基线库中，基线的变更接受更高权限的控制，基线是进一步开发和修改的基准和出发点等。不涉及硬件的正确性管理问题。

参考答案

（57）C

试题（58）

IT 资源管理中，软件管理的范围涉及对软件资源的认定。下列选项中，__（58）__ 不属于软件资源。

(58) A．操作系统、中间件　　　　　　B．分布式环境软件、应用软件
　　　C．软件测试过程及设备测试过程　　D．应用表格、操作手册

试题（58）分析

本题考查对 IT 资源管理中的软件管理涉及的软件资源的正确理解。

IT 资源管理中的软件管理涉及软件资源。软件资源就是指企业整个环境中运行的软件和文档。其中软件包括操作系统、中间件、各类应用软件等；文档包括应用表格、操作手册等。软件测试过程和设备测试过程均强调过程，不属于软件资源。

参考答案

（58）C

试题（59）

现代计算机网络维护管理系统主要由四个要素组成。下列选项中，__（59）__ 不属于这四个要素。

(59) A．若干被管理的代理（Managed Agents）
　　　B．至少一个网络维护管理器（Network Manager）
　　　C．一种公共网络维护管理协议（Network Maintenance Management Protocol）
　　　D．网络中继器和存储池管理

试题（59）分析

本题考查对网络维护管理系统的四个要素的理解。

IT 资源管理中的网络资源管理涉及现代计算机网络维护管理系统的四个要素，即若干被管理的代理（Managed Agents）、至少一个网络维护管理器（Network Manager）、一种公共网络维护管理协议（Network Maintenance Management Protocol）、一种或多种管理信息库

（Management Information Base）。没有网络中继器和存储池管理。

参考答案

（59）D

试题（60）

常见的网络管理协议主要有两种，一种是由 ISO 定义的通用管理信息协议（CMIP），另一种是由 IETF 定义的__（60）__。

（60）A．用户数据报管理协议　　　　B．通信服务管理协议
　　　C．复杂网络管理协议　　　　　D．简单网络管理协议

试题（60）分析

本题考查对网络管理中的主要管理协议的理解。

在对网络资源管理过程中，网络管理协议很重要，常见的网络管理协议主要有两种：一种是由 ISO 定义的通用管理信息协议（CMIP），另一种是由 IETF 定义的简单网络管理协议（SNMP）。

参考答案

（60）D

试题（61）

故障管理流程包含五项基本活动，其基本管理流程顺序是__（61）__。

（61）A．故障调研、故障监视、故障支持、故障恢复、故障终止
　　　B．故障监视、故障调研、故障支持、故障恢复、故障终止
　　　C．故障支持、故障调研、故障监视、故障恢复、故障终止
　　　D．故障调研、故障监视、故障支持、故障终止、故障恢复

试题（61）分析

本题考查对故障管理流程中五项活动内容的理解及掌握程度。

在 IT 系统中，故障管理的流程包括五项基本活动内容。按顺序，它们的执行流程是先进行故障监视，再针对故障信息的来源进行故障调研，然后进行故障的初步支持，初步的目的是尽可能快地恢复用户的正常工作，尽量避免或者减少故障对系统服务的影响。解决故障和恢复服务后，就进入到故障终止阶段，确认故障是否成功解决，更新故障信息和故障记录。

参考答案

（61）B

试题（62）

数据库故障中的事务故障是指事务在运行至正常终点前被终止，此时数据库可能处于不正确的状态。恢复程序要在不影响其他事务运行的情况下强行回滚该事务。恢复要完成的工作包括：

①对该事务的更新操作执行逆操作，将日志记录更新前的值写入数据库
②反向扫描日志文件，查找该事务的更新操作
③继续反向扫描日志文件，查找该事务的其他更新操作，做同样的处理
④如此处理下去，直到读到了此事务的开始标记

正确的恢复步骤是 ___(62)___ 。

(62) A. ④③②①　　B. ①②③④　　C. ③④②①　　D. ②①③④

试题（62）分析

本题考查对数据库故障中的事务故障的恢复措施的正确理解。

事务故障是指事务在运行至正常终点前被终止，此时数据库可能处于不正确的状态，恢复程序要在不影响其他事务运行的情况下强行回滚该事务，即撤销该事务已经做出的任何对数据库的修改，使得事务好像完全没有启动一样，恢复步骤是：

（1）先反向（从后向前）扫描日志文件，查找该事务的更新操作；

（2）接着对该事务的更新操作执行逆操作，将日志记录更新前的值写入数据库；

（3）继续反向扫描日志文件，查找该事务的其他更新操作，做同样的处理；

（4）如此处理下去，直到读到了此事务的开始标记，事务故障恢复就算完成了。

参考答案

(62) D

试题（63）

信息系统的安全管理中，物理安全主要包括三个方面。下列选项中，___(63)___ 不属于这三个方面。

(63) A. 环境安全　　　　　　　　　B. 设施和设备安全
　　　C. 作业调度优先级安全　　　　D. 介质安全

试题（63）分析

本题考查对物理安全的正确认识。

在安全管理中，物理安全是信息安全的最基本保障，是整个安全系统不可缺少和不可忽视的组成部分。物理安全必须与其他技术和管理安全一起被实施，才能做到全面的保护。物理安全包括三个方面：环境安全、设施和设备安全、介质安全。没有作业调度优先级安全这样的提法。

参考答案

(63) C

试题（64）

没有绝对安全的环境，每个环境都有一定程度的漏洞和风险。风险是指某种破坏或损失发生的可能性，风险管理是指识别、评估、降低风险到可以接受的程度。下列选项中，___(64)___ 不是风险管理的内容。

(64) A. 风险分析　　　　　　　　B. 发现并孤立风险
　　　C. 风险评估　　　　　　　　D. 风险控制

试题（64）分析

本题考查对风险管理的理解。

风险管理是指识别、评估、降低风险到可以接受的程度，并实施适当机制控制风险保持在此程度之内的过程。其具体做法是通过定性和定量分析技术完成风险分析；按照需要保护的资产及要保护的程度进行风险评估；在进行了识别和评估后，通过各种方式降低风险，即控制风险。发现并控制风险属于风险管理的工作，但孤立风险的提法不准确。

参考答案

（64）B

试题（65）

系统性能评价中的系统吞吐率指标是系统生产力的度量标准，描述了在给定时间内系统处理的工作量，一般是指单位时间内的工作量。其中的 TPS 评价指标是指　(65)　。

（65）A．系统每秒数据报文数

　　　B．系统每秒百万次浮点运算数

　　　C．系统每秒处理的事务数量

　　　D．系统每秒百万次指令执行数

试题（65）分析

本题考查对性能评价指标的认识及理解。

在系统性能评价的指标中，系统吞吐率指标是常用指标，主要涉及如下几组：适宜于评价标量计算机的每秒百万次指令（MIPS：Million Instructions Per Second）、适宜于评价向量机性能的每秒百万次浮点运算（MFLOPS：Million Floating-point Operations Per Second）、评价网络信号传输速率的每秒位数（BPS：Bits Per Second）或更大单位的 KBPS 及 MBPS、适宜于描述通信设备吞吐率的每秒数据报文（PPS：Packets Per Second）、适宜于在线事务处理的每秒处理事务数（TPS：Transactions Per Second）。

参考答案

（65）C

试题（66）

系统能力管理从一个动态的角度考察组织业务与系统基础设施之间的关系，这需要考虑三个方面的问题。下列选项中，　(66)　不属于这三个方面的内容。

（66）A．IT 系统能力与信息资源开发的范围和深度

　　　B．IT 系统的成本相对于组织的业务需求而言是否合理

　　　C．现有 IT 系统的服务能力能否满足当前及将来的客户需求

　　　D．现有的 IT 系统能力是否发挥了其最佳效能

试题（66）分析

本题考查对信息系统的系统能力管理内容的理解。

信息系统的系统能力管理从一个动态的角度考察组织业务与系统基础设施之间的关系，它要考虑三个方面的问题：IT 系统的成本相对于组织的业务需求而言是否合理；现有 IT 系统的服务能力能否满足当前及将来的客户需求；现有的 IT 系统能力是否发挥了其最佳效能。不涉及系统能力与信息资源开发的范围和深度。

参考答案

（66）A

试题（67）

能力管理是所有 IT 服务绩效和能力问题的核心。能力管理的高级活动项目有三方面内

容。下列选项中，__(67)__ 不属于这三方面的内容。

(67) A．需求管理 　　　　　　　　　B．模拟测试
　　　C．绩效和能力的加权评价　　　D．应用选型

试题（67）分析

　　本题考查对能力管理中的高级活动项目内容的认识与理解。

　　能力管理是一个流程，是所有 IT 服务绩效和能力问题的核心。作为能力管理的高级活动项目通常有三方面的内容，即需求管理、模拟测试和应用选型。需求管理的首要目标是影响和调节客户对 IT 资源的需求。它既可能是由于当前的服务能力不足以支持正在运营的服务项目而进行的一种短期的需求调节活动，也可能是组织为限制长期的能力需求而采取的一种 IT 管理策略。模拟测试的目标是分析和测试未来情况发生变更对能力配置规划的影响。在能力管理流程中，它可以帮助能力管理人员在系统资源和系统服务的管理上回答"如果—怎么办"一类的问题，从而增强能力规划的前瞻性和适应性。应用选型作为能力管理的一种活动也是整个应用系统设计开发过程的一个基本部分，进行应用选型的主要目的在于对计划应用系统变更或实施新的应用系统所需的资源进行估计，从而确保系统资源的配置能够满足所需服务级别的要求。这里不存在绩效和能力的加权评价的提法。

参考答案

　　(67) C

试题（68）

　　根据信息系统的特点、系统评价的要求与具体评价指标体系的构成原则，可以从三个主要方面对信息系统进行评价。下列选项中，__(68)__ 不属于这三个方面的内容。

(68) A．技术性能评价　　　　B．管理效益评价
　　　C．经济效益评价　　　　D．人员效能评价

试题（68）分析

　　本题考查对信息系统评价内容的理解。

　　根据信息系统的特点、系统评价的要求与具体评价指标体系的构成原则，可以从三个主要方面对信息系统进行评价，即技术性能评价、管理效益评价及经济效益评价。不涉及具体的人员效能评价。

参考答案

　　(68) D

试题（69）

　　信息系统评价中，系统效益评价指的是对系统的经济效益和社会效益等做出评价，可以分为经济效益评价和社会效益评价。经济效益评价又称为直接效益评价。一个企业信息化的收益包括产值增加所获得的利润收益和产品生产成本降低所节约的开支。下列选项中，__(69)__ 不在产品生产成本降低所节约的开支之列。

(69) A．由于系统实施而导致的销售产值的增加
　　　B．采购费用的降低
　　　C．人工费及通信费的减少

D．库存资金的减少

试题（69）分析

本题考查对信息系统评价中的企业信息化收益内容的正确理解。

信息系统评价中，系统效益评价指的是对系统的经济效益和社会效益等做出评价，这可以分为经济效益评价和社会效益评价。经济效益评价又称为直接效益评价，社会效益评价又称为间接效益评价。一个企业信息化的收益包括产值增加所获得的利润收益和产品生产成本降低所节约的开支。而产品生产成本降低所节约的开支包括：采购费用的降低、人工费及通信费的减少、库存资金的减少，以及由于决策水平的提高而避免的损失等。而由于系统实施而导致的销售产值的增加和获得的利润等属于产值增加所获得的利润效益。

参考答案

（69）A

试题（70）

新的计算机系统在投入使用、替换原有的手工系统或旧的计算机系统之前，必须经过一定的转换程序。系统转换的组织是一个较复杂的过程，必须根据详细的系统转换计划进行。系统转换计划中确定转换方法有四种。下列选项中，__（70）__不属于这四种转换方法。

（70）A．直接转换　　　B．试点后直接转换　　　C．逐步转换　　　D．网络式转换

试题（70）分析

本题考查对新系统运行及系统转换所包括的内容的掌握。

新的计算机系统在投入使用、替换原有的手工系统或旧的计算机系统之前，必须经过一定的转换程序。系统转换的组织是一个较复杂的过程，必须根据详细的系统转换计划进行。系统转换计划中的确定转换方法有四种：①直接转换；②试点后直接转换；③逐步转换；④并行转换。

没有网络式转换的提法。

参考答案

（70）D

试题（71）～（75）

Today, it's hard to imagine any industry or business that has not been affected by computer-based information system and computer applications.

Most experts agree on the fundamental difference between data and information. Data are raw facts about the organization and its business transactions. Most data items have little meaning and use by themselves. Information is data that has been __（71）__ and organized by processing and purposeful intelligence. The latter, purposeful intelligence, is crucial to the definition—People provide the purpose and the intelligence that produces true __（72）__. In other words, data are a by-product of doing business. Information is a resource created from the data to serve the management and decision-making needs of business.

Information technology (IT) is a contemporary term that describes the combination of computer technology (hardware and software) with telecommunications technology (data, image, and voice networks). Information technology has created a data and information ___(73)___ in virtually all businesses. The ability of businesses to harness（利用）and manage this data and information has become a critical success factor in most businesses.

An information system is an arrangement of people, data, processes, information presentation, and information technology that interact to support and improve day-to-day operations in a business, as well as support the problem-solving and decision making needs of management and users. Stated simply, information systems ___(74)___ data into useful information. An information system exists with or without a computer. But when information technology is used, it significantly ___(75)___ the power and potential of most information systems.

（71）A．formed   B．cleaned   C．refined   D．resigned
（72）A．information   B．data   C．intelligence   D．purpose
（73）A．exposure   B．slump   C．exclusion   D．explosion
（74）A．modify   B．clean   C．transform   D．transfer
（75）A．influence   B．expands   C．change   D．develop

参考译文

现如今，人们很难想象哪个行业或企业没有受到计算机信息系统和计算机应用的影响。

大多数专家都认同数据和信息之间的本质差异。数据是关于组织及其业务事务的未经处理的原始事实。大部分数据项自身并没有什么意义和用处。信息是经过一定处理和目的明确的智能提炼和组织所得到的数据，其中，后者（目的明确的智能）对信息的定义很重要——人们提供产生信息的意图和智能。换句话说，数据是业务的副产品。信息是从数据中产生的资源，服务于企业的管理和决策需求。

信息技术是一个现代词汇，描述了计算机技术（硬件和软件）和电信技术（数据、图像和语音网络）的组合。信息技术几乎已经在所有的企业中产生了数据和信息的爆炸，利用和管理这些数据和信息的能力已经成为大部分企业成功的关键因素。

信息系统是人、数据、过程、信息表示和信息技术的组合，它们之间相互作用，支持并改进企业每天的运作，也支持管理人员和用户解决问题和进行决策。简单来说，信息系统将数据转变成有用的信息。信息系统中可以有也可以没有计算机，但当使用信息技术时，它将显著提高大多数信息系统的能力和潜力。

参考答案

（71）C　（72）A　（73）D　（74）C　（75）B

第 4 章 2019 上半年信息系统管理工程师下午试题分析与解答

试题一（共 15 分）

阅读下列说明，回答问题 1 至问题 4，将解答填入答题纸的对应栏内。

【说明】

某电子商务公司拟构建一个高效、低成本、符合公司实际业务发展需求的 OA（Office Automation）系统。张工主要承担了该系统的文档管理和通知管理模块的研发工作。文档管理模块的主要功能包括添加、修改、删除和查看文档。通知管理模块的主要功能是通知群发。

张工通过前期调研和需求分析进行了概念模型设计，具体情况分述如下。

【需求分析结果】

（1）该公司设有财务部、销售部、广告部等多个部门，每个部门只有一名部门经理，有多名员工，每名员工只属于一个部门。部门信息包括：部门号、名称、部门经理和电话，其中部门号唯一确定部门关系的每个元组。

（2）员工信息包括：员工号、姓名、岗位号、部门号、电话、家庭住址。员工号唯一确定员工关系的每个元组；岗位主要有经理、部门经理、管理员等，不同岗位具有不同的权限。一名员工只对应一个岗位，但一个岗位可对应多名员工。

（3）通知信息包括：编号、内容、通知类型、接收人、接收时间、发送时间和发送人。其中（编号，接收人）唯一标识通知关系中的每个元组。一条通知可以发送给多个接收人，一个接收人可以接收多条通知。

（4）文档信息包括：编号、文档名、标题、内容、发布部门、发布时间。其中编号唯一确定文档关系的每个元组。一份文档对应一个发布部门，但一个部门可以发布多份文档；一份文档可以被多名员工阅读，一名员工可以阅读多份文档。另外，公司为了掌握员工对文档的阅读及执行情况，还要求记录每名员工对同一篇文档分别在哪些时间阅读过。

【概念模型设计】

根据需求分析阶段收集的信息，设计的实体联系图（不完整）如图 1-1 所示。

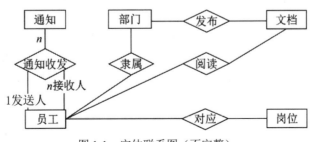

图 1-1 实体联系图（不完整）

【逻辑结构设计】
根据概念模型设计阶段完成的实体联系图，得出如下关系模式（不完整）。
部门（部门号，名称，部门经理，电话）
员工（员工号，姓名，岗位号，__(a)__，电话）
岗位（岗位号，岗位名称，权限）
通知（编号，__(b)__，通知类型，接收时间，__(c)__，发送时间，发送人）
文档（编号，文档名，标题，内容，发布部门，发布时间）
阅读文档（文档编号，__(d)__，阅读时间）

【问题1】（4分）
根据题意，将关系模式中的空（a）~（d）的属性补充完整，并填入答题纸对应的位置上。

【问题2】（4分）
根据需求分析，可以得出图1-1所示的实体联系图中联系的类型。请按以下描述确定联系类型并填入答题纸对应的位置上。
部门与员工之间的"隶属"联系类型为__(e)__；
部门与文档之间的"发布"联系类型为__(f)__；
员工与文档之间的"阅读"联系类型为__(g)__；
员工与岗位之间的"对应"联系类型为__(h)__。

【问题3】（5分）
（1）员工关系的主键为__(i)__，员工关系的外键为__(j)__、__(k)__。
（2）员工关系的外键(j)应参照__(l)__，外键(k)应参照__(m)__。

【问题4】（2分）
阅读文档的主键为（文档号、员工号）的说法正确吗？为什么？

试题一分析
本题考查数据库概念结构设计及概念结构向逻辑结构转换的过程。

【问题1】
根据【需求分析】(2)员工信息包括：员工号、姓名、岗位号、部门号、电话、家庭住址，所以空（a）应填写"家庭住址"。
根据【需求分析】(3)通知信息包括：编号、内容、通知类型、接收人、接收时间、发送时间和发送人，所以空（b）应填写"内容"，空（c）应填写"接收人"。
根据【需求分析】中的E-R图中的"阅读"联系可见，该联系两端的实体集为员工和文档。根据题意"一份文档可以被多名员工阅读，一名员工可以阅读多份文档"可知该联系是一个多对多联系；又因为多对多联系应建立一个独立的关系模式，该模式由两端的码加上联系的属性构成。由于两端的码分别为文档编号和员工号，联系的属性为阅读时间，所以空（d）应填写"员工号"。

【问题2】
根据【需求分析】(1)中所述"每个部门只有一名部门经理，有多名员工，每名员工只属于一个部门",故部门与员工之间的"隶属"联系类型为1:*（一对多）。

根据【需求分析】(4)中所述"一份文档对应一个发布部门,但一个部门可以发布多份文档",故部门与文档之间的"发布"联系类型为1:*（一对多）。

根据【需求分析】(4)中所述"一份文档可以被多名员工阅读,一名员工可以阅读多份文档",故员工与文档之间的"阅读"联系类型为*:*（多对多）。

根据【需求分析】(2)中所述"一名员工只对应一个岗位,但一个岗位可对应多名员工",故员工与岗位之间的"对应"联系类型为*:1（多对一）。

根据上述分析,完善图1-1所示的实体联系图后如图1-2所示。

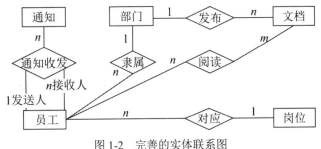

图1-2 完善的实体联系图

【问题3】

根据题干(2)中所述"员工号唯一确定员工关系的每个元组",故员工关系的主键为员工号。员工关系的外键为岗位号、部门号,为了保证数据的正确性,员工关系的岗位号必须参照岗位关系的岗位号,员工关系的部门号必须参照员工关系的部门号。例如,公司的岗位号={00,02,03,04,…,10},如果在数据库设计时定义了参照完整性,就能保证录入员工的部门号和岗位号信息时的正确性。

【问题4】

不正确。例如员工阅读文档情况如表1-1所示。

表1-1 阅读情况

文档号	员工号	时间
001	12001	2019年2月11日10点35分
001	13003	2019年2月11日11点28分
001	13003	2019年2月11日14点23分
002	12001	2019年2月11日16点10分
002	12001	2019年2月12日08点10分
……	……	……

从表1-1可以看出,用文档号/员工号/（文档号,员工号）都不能唯一标识阅读关系的每个元组,只有全码才能唯一标识阅读关系的每个元组,即文档阅读关系的主键为（文档号,员工号,时间）。

试题一参考答案

【问题1】

(a) 家庭住址；

(b) 内容；

(c) 接收人或员工号；

(d) 员工号。

注：(b)、(c) 答案可互换。

【问题2】

(e) 1：*

(f) 1：*

(g) *：*

(h) *：1

注：1：1 对应一对一、1：*对应一对多、*：1 对应多对一、*：*对应多对多。

【问题3】

(1) (i) 员工号；

(j) 岗位号；

(k) 部门号。

注：(j)、(k) 可互换。

(2) (l) 岗位关系的岗位号；

(m) 部门关系的部门号。

【问题4】

不正确。根据题意"公司还要求记录每个员工对同一篇文档分别在哪些时间阅读过"，所以全码才能唯一标识阅读关系的每个元组，即文档阅读关系的主键为（文档号，员工号，时间）。

试题二（共 15 分）

阅读以下说明，回答问题 1 至问题 3，将解答填入答题纸的对应栏内。

【说明】

某公司拟开发手机邮件管理软件。经过公司研发部商议将该款软件的开发工作交给项目组蒋工负责。

【需求分析】

经过调研，手机邮件管理软件由邮箱登录、邮件管理、通讯簿管理及账户管理四个部分组成。其中，邮箱登录要求实现用户的登录与注册；邮件管理要求实现创建、收发及删除邮件等管理；通信簿管理要求实现分组和联系人的管理；账户管理要求实现个人信息的管理和密码修改。

根据需求分析的结果，蒋工将手机邮件管理软件功能列表如表 2-1 所示。

表 2-1 功能列表

序号	功能	序号	功能
1	登录	9	创建邮件
2	添加联系人	10	注册
3	添加组	11	发送邮件
4	转发邮件	12	删除邮件
5	回复邮件	13	删除联系人
6	更新联系人	14	删除组
7	更新组资料	15	个人信息管理
8	接收邮件	16	密码修改

【问题 1】（8 分）

根据需求分析的结果，请将表 2-1 中序号为 1～16 的功能模块分别归入邮箱登录、邮件管理、通信簿管理及账户管理中，并填入答题纸对应的位置上。

（1）邮箱登录包含的功能：_____。

（2）邮件管理包含的功能：_____。

（3）通信簿管理包含的功能：_____。

（4）账户管理包含的功能：_____。

【问题 2】（3 分）

用户添加联系人需求：输入添加联系人的相关信息及邮箱号；检查输入的格式是否正确；若正确，则验证结束；若输入格式不正确，则显示格式错误信息，然后判断修改次数是否小于 5 次，是则继续，否则显示添加联系人失败信息，并退出。

根据以上用户添加联系人的相关需求，蒋工设计的添加联系人流程（不完整）如图 2-1 所示。

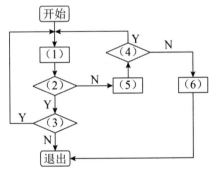

图 2-1 添加联系人流程

请在如下备选答案 A～F 中，选择最合适的一项填入图 2-1 中的空（1）～（6）处。注：每个选项只能选 1 次。

备选答案：

A．继续添加？　　　　　　　　　　B．显示添加联系人失败

C. 修改次数<5？　　　　　　D. 显示输入格式错误
E. 格式正确？　　　　　　　F. 输入联系人信息和邮箱号

【问题3】（4分）

蒋工要求项目组成员使用测试用例对所写的程序模块进行测试，并且对测试用例也要求逐步完善和修订。

你认为蒋工的上述要求是否正确？为什么？

试题二分析

【问题1】

手机邮件管理软件可由邮箱登录、邮件管理、通信簿管理及账户管理四个部分组成。各部分根据题意分析如下：

（1）邮箱登录要求实现用户的登录、注册，显然其功能包括：序号1（登录）、序号10（注册）。

（2）邮件管理要求实现创建、收发及删除邮件等管理工作，显然其功能包括：序号4（转发邮件）、序号5（回复邮件）、序号8（接收邮件）、序号9（创建邮件）、序号11（发送邮件）、序号12（删除邮件）。

（3）通信簿管理要求实现分组和联系人的管理工作，显然其功能包括：序号2（添加联系人）、序号3（添加组）、序号6（更新联系人）、序号7（更新组）、序号13（删除联系人）、序号14（删除组）。

（4）账户管理要求实现个人信息的管理和密码修改工作，显然其功能包括：序号15（个人信息管理）、序号16（密码修改）。

【问题2】

根据用户添加联系人的相关需求，完整的添加联系人流程如图2-2所示。

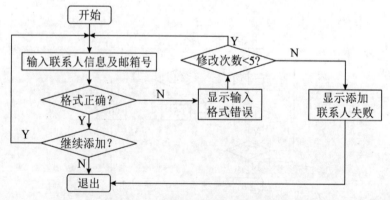

图2-2　完善的添加联系人流程

【问题3】

蒋工提出的"测试所编写的程序模块，包括相关文档和数据的测试"的要求是正确的。根据软件的定义，软件包括程序、数据和文档，所以软件测试并不仅仅是程序测试，还应包括相应文档和数据的测试。

蒋工提出的"测试用例需要逐步完善、不断修订"的要求是正确的。在软件测试原则中，当设计测试用例时，应该考虑合法的输入和不合法的输入，以及各种边界条件；测试用例本身也应该经过测试；设计好测试用例后还需要逐步完善和修订。

试题二参考答案

【问题1】（8分）

（1）登录、注册或1、10。

（2）转发邮件、回复邮件、接收邮件、创建邮件、发送邮件、删除邮件或4、5、8、9、11、12。

（3）添加联系人、添加组、更新联系人、更新组资料、删除联系人、删除组或2、3、6、7、13、14。

（4）个人信息的管理、密码修改和或15、16。

【问题2】

（1）F 或输入联系人信息和邮箱号

（2）E 或格式正确？

（3）A 或继续添加？

（4）C 或修改次数<5？

（5）D 或显示输入格式错误

（6）B 或显示添加联系人失败

【问题3】

正确。因为软件测试除了程序测试，还包括相应文档和数据的测试。在软件测试原则中，设计好的测试用例同样也需要逐步完善和修订。

试题三（共15分）

阅读以下说明，回答问题1至问题3，将解答填入答题纸的对应栏内。

【说明】

某企业在 IT 管理上面临以下四个方面的实际问题：

1. 企业 IT 用户分属不同的部门，应用软件种类多，并且都需要去现场维护，维护工作量大、效率低。

2. 该企业有 200 个用户终端，每年所消耗的电能较大，且没有很好的节能减排措施。

3. 该企业的 ERP、MES、PLM、OA、CRM 等信息系统分别配置单独的服务器，不利于统一管理。

4. 存在用户使用 U 盘与访问公网的情况，可能会带来数据泄密、网络攻击等信息安全风险。

该企业 IT 部门为了解决企业面临的上述问题，提出了虚拟化解决方案，请结合虚拟化技术的相关知识回答下列问题。

【问题1】（6分）

该企业虚拟化建设平台拟完成光纤交换机、虚拟化存储、瘦客户机、显卡、服务器虚拟化软件、千兆交换机和服务器等优化配置，其配置清单如表 3-1 所示，辨识下列产品并将表中的（1）～（6）补充完整。

表 3-1　虚拟化平台的配置清单

序号	名称	品牌	型号/指标	数量
1	（1）	联想	X3650M5	6
2	（2）	Nvidia	K2	4
3	（3）	Brocade	300	2
4	（4）	联想	Storwize V3700	2
5	桌面虚拟化软件	VMware	200 用户数并发许可	1
6	瘦客户机	清华同方	VD7000	200
7	（5）	H3C	S5560-30C-EI	2
8	（6）	VMware	支持 12 颗 CPU	1
9	备份一体机	QNAP	QNAP NAS TS-1263U-RP	1

备选答案：（每个选项只能选 1 次）
　　A．光纤交换机　　　B．虚拟化存储　　　C．显卡
　　D．服务器虚拟化软件　E．千兆交换机　　　F．服务器

【问题 2】（4 分）
（1）从平台中的软件配置来看，如何配置用户软件。
（2）该平台中配置设备 Nvidia K2 的目的。

【问题 3】（5 分）
该平台建设完成之后，你认为哪些性能指标得到完善。

试题三分析

本题考查桌面虚拟化的基础知识，包括项目方案的内容识别、桌面虚拟化软件的基本配置以及项目实施后的评价等方面的内容。本题要求考生了解虚拟化技术的基本理论知识，具有一定的信息系统管理和实践经验。

桌面虚拟化是指将计算机的终端系统（也称作桌面）进行虚拟化，以达到桌面使用的安全性和灵活性，用户可以通过网络便捷地访问属于用户个人的桌面系统。本题中用户通过瘦客户机调用存储在服务器中的用户桌面实现对资源的安全与高效管理。

【问题 1】
在题中已经给出了虚拟化平台配置清单的情况下，考生需要识别的是清单给出的设备或者软件的名称、作用以及具体的配置数量。

清单中列出了常用的服务器、交换机及虚拟化软件的品牌、型号/指标、数量，考生应依据 IT 硬件基本理论与实践经验在备选答案中选出对应的设备名称。

【问题 2】
VMware 虚拟化桌面的配置一般包括创建云桌面实例、配置虚拟桌面、将虚拟桌面与用户关联、安装 View Client 程序、使用虚拟桌面等内容。从题目的要求看，配置用户软件主要通过云桌面实例（用户镜像/模板机）来进行。

Nvidia K2 是一款针对虚拟化桌面应用的显卡,采用该显卡可以提升虚拟桌面的图形处理能力。

【问题 3】

系统评价通常是对系统的技术性能以及经济效益等方面的评价,其目的是检查系统是否达到预期目标,技术指标是否达到设计要求。

本题中的系统评价要求考生回答项目实施后的改进和优化,因此评价的内容要有针对性。考生应结合虚拟化桌面实施,回答在企业 IT 管理中解决了哪些存在的问题。

试题三参考答案

【问题 1】

(1) F

(2) C

(3) A

(4) B

(5) E

(6) D

【问题 2】

(1) 创建云桌面实例或创建用户镜像或创建模板机;

(2) 为虚拟化桌面提供高效的图形处理能力。

【问题 3】

(1) 软硬件平台的可用性;

(2) 数据安全性;

(3) 可扩展性;

(4) 集约化管理;

(5) 节能。

试题四(共 15 分)

阅读以下说明,回答问题 1 至问题 3,将解答填入答题纸的对应栏内。

【说明】

某日,数据机房管理员记录了三项与 IT 系统安全相关的工作日志,内容分别是:

1. 管理员更换了数据机房服务器 A 的某块损坏的硬盘后,数据自动从该服务器其他硬盘恢复。

2. 管理员发现数据机房设备供电来自 UPS 系统,并了解到机房恢复正常供电(市电)在短时间内不能确定。通过电话告知相关业务系统主管后关闭了服务器。

3. 用户李某反映自己误操作删除了服务器 B 中的某个重要文件,要求管理员恢复。管理员从备份服务器进行了恢复并将该事项记录为意外失误。

请从 IT 系统安全管理的角度对日志内容进行分析,并回答下列问题。

【问题 1】(4 分)

本案例中服务器硬盘数据恢复采用的是 __(1)__ 技术,该项技术中安全性最高级别是 __(2)__ 。

（1） A. RAID　　　　　　　　B. ACID
　　　 C. RollBack　　　　　　 D. Undo
（2） A. Read committed　　　　B. RAID5
　　　 C. Serializable　　　　　　D. RAID1

【问题 2】（7 分）
（1）机房供电（市电）中断后，管理员的操作是否恰当？其依据是什么。
（2）UPS 系统属于环境安全的范畴，说出还有哪些与环境安全相关的保障机制。

【问题 3】（4 分）
你认为能否通过设置访问控制来避免用户误操作删除文件这样的安全事件发生，并简要说明理由。

试题四分析

本题考查系统维护的相关知识。

此类题目要求考生了解软硬件系统维护的基本理论、维护程序基础知识，并能将基本理论与维护工作的实际情况结合，熟练运用。

【问题 1】

独立磁盘冗余阵列（Redundant Array of Independent Disks，RAID）是把相同的数据存储在多个硬盘的不同地方的方法。通过把数据放在多个硬盘上，输入输出操作能以平衡的方式交叠，改良性能。因为多个硬盘增加了平均故障间隔时间（MTBF），储存冗余数据也增加了容错。

RAID 1 称为磁盘镜像，原理是把一个磁盘的数据镜像到另一个磁盘上，数据在写入一块磁盘的同时，会在另一块闲置的磁盘上生成镜像文件，在不影响性能的前提下最大限度保证系统的可靠性和可修复性。RAID5（分布式奇偶校验的独立磁盘结构）的奇偶校验码存在于所有磁盘上，具有一定的可靠性。

【问题 2】

UPS 供电只能用于短时间临时性的供电需要，不能对系统进行长时间的供电。UPS 作用于外部供电出现故障时，管理员有时间进行业务系统的关闭，避免系统或数据因突然停电而损坏。

在 IT 管理中与环境安全相关的保障机制还应包括防静电，防火及火灾报警，温、湿度控制，电磁防护等内容。

【问题 3】

在介质的安全管理中，即便是将操作规程书面化，意外事故也是难以避免的。通常这方面的意外事故包括操作失误（比如，偶然删除文件、格式化硬盘、线路拆除等）和意外疏漏（比如，系统掉电、"死机"等系统崩溃）。这种情况一般采用突发事件的应急计划来指导工作，争取使意外事件造成的损失减到最低，并在最短时间内解决问题，使业务恢复正常。

访问控制的主要目的是防止非授权用户访问受保护的资源，用户因操作失误造成数据删除不是访问控制可以避免的问题。

试题四参考答案

【问题 1】

（1）A（2）D

【问题 2】

（1）恰当。UPS 系统只能保证有限的延时供电，不能作为正常供电来使用，所以为了保护数据，应该采用必要的保护措施关闭服务器。

（2）防火系统、温度控制系统、湿度控制系统、防静电地板、隐蔽线路敷设、电磁防护等。

【问题 3】

不能。

访问控制指的是对非授权的访问与存取；偶然删除属于意外事故，可通过突然事件处置流程处置。

试题五（共 15 分）

阅读以下说明，回答问题 1 至问题 3，将解答填入答题纸的对应栏内。

【说明】

某系统转换包括前期调研、数据整理、数据转换、系统转换、运行监控五个阶段。系统转换的整个工作流程如图 5-1 所示。

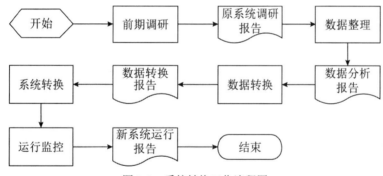

图 5-1　系统转换工作流程图

系统转换的主要任务包括：数据资源整合、新旧系统转换、新系统运行过程监控。说明如下：

1. 数据资源整合是整个系统转换的关键，包括整理数据与数据转换两个步骤。其中，数据整理是将原系统中的数据整理为系统转换程序能够识别的数据；数据转换就是将整理完成的数据按照一定的转换规则转换成新系统要求的数据格式。

整理数据分为两个步骤：第一，将不同类型来源的数据采集备份到统一的数据库中；第二，将原始数据进行整理，按照要求进入不同的中间数据库，为数据转换提供中间数据。

2. 新旧系统转换就是在数据正确的基础上，制订一个切实可行的计划，保证业务办理顺利、平稳过渡到新系统中。

3. 新系统运行监控就是在新系统正常运转后,还需要监控整个新系统运行的有效性和正确性,以便及时对数据转换过程中出现的问题进行纠正。

请结合 IT 系统转换的相关知识对系统转换工作流程进行分析并回答下列问题。

【问题 1】(6 分)

(1) 请简要说明撰写原系统调研报告目的。

(2) 原系统调研报告主要应包括哪些内容。

【问题 2】(5 分)

(1) 简要说明数据转换的步骤。

(2) 进行转换工作时对数据的处理需要注意什么问题。

【问题 3】(4 分)

通常情况下,新旧系统转换应该包括哪些内容。

试题五分析

本题考查信息系统转换的相关知识。

系统转换也被称为系统切换与运行,包括系统交付前的准备工作、系统转换的方法和步骤等内容。系统转换的任务就是保证新旧系统平稳可靠地交接,最终使新系统正式交付使用的过程。

【问题 1】

在进行前期调研时,要了解单位现有软、硬件和所有工作人员的技术水平以及对旧系统的熟悉情况,结合本单位的实际情况来制订系统转换计划,为后续工作做好准备。

原系统的调研报告包括原系统的运行环境、数据存储、数据结构、业务流程与转换相关的技术参数与指标体系等内容。

【问题 2】

数据转换的步骤包括数据转换测试、旧系统数据导入测试和检查测试系统三个部分。其中检查测试系统是通过程序对转换前后的结果进行比较,来确保数据转换的正确。

通常情况下,数据转换过程中要注意数据逻辑的一致性、新旧系统数据的同步。在数据转换过程中,平稳安全过渡是第一位的,要做好原始数据的备份工作,保证历史数据的可追溯性。

【问题 3】

系统转换的组织是一个较为复杂的过程,必须根据详细的系统转换计划进行,具体包括以下五个方面:

(1) 在系统转换之前,确定要转换的项目,并充分了解转换该项目需要注意的事项。做好转换的准备,建立相关的系统运行、内部支持和业务权限划分等系统管理制度。

(2) 起草作业运行规则,确定系统转换时,先以原有系统作为正式系统,新系统作为校对;在转换后以新系统作为正式系统,原系统作为校对。

(3) 确定转换方法,在直接转换、试点后转换、逐步转换或者并行转换中确定一种转换方法。

(4) 转换工具和转换过程,转换工具可以使系统转换工作更有效率,转换过程描述执行系统转换所用的软件过程、设置运行环境的过程、检查结果执行的过程等内容。

(5) 转换工作计划,包括转换工作执行计划、风险计划、人员计划等内容。其中工作执行计划规定在一定时间内需要完成的每项工作；风险计划是指为了保证转换工作顺利，要对转换中可能存在的风险进行管理和防范；人员计划就是对人员的组织、配备、培训管理统筹考虑，协调统一。

试题五参考答案

【问题 1】

（1）原系统调研报告是对原系统的全面了解，为后续的数据转换提供依据。

（2）原系统的网络结构、业务范围、开发平台及采用的数据库、数据分布状况、数据结构、业务流程、数据流程等内容。

【问题 2】

（1）数据转换测试；

　　旧系统数据导入测试；

　　检查测试系统。

（2）转换过程中数据逻辑的一致性；

　　新旧系统数据的同步；

　　做好数据的备份；

　　注：答出其中两点即可。

【问题 3】

　　确定转换项目；

　　起草运行规则和确定转换方法；

　　确定转换工具和转换过程；

　　转换工作计划，包括执行计划、风险管理、人员计划等。

第5章 2020下半年信息系统管理工程师上午试题分析与解答

试题（1）

以下关于 CISC（复杂指令集计算机）和 RISC（精简指令集计算机）架构的叙述中，正确的是 (1) 。

①CISC 尽量用最少的指令完成计算任务
②CISC 对 CPU 结构和工艺复杂性要求更高
③RISC 更适合采用微程序指令实现
④RISC 采用单核结构，CISC 采用多核结构

(1) A. ①②   B. ③④   C. ①②③   D. ②③④

试题（1）分析

本题考查计算机系统基础知识。

CISC（复杂指令集计算机）和 RISC（精简指令集计算机）是 CPU 的两种架构，其区别在于不同的 CPU 设计理念和方法。

一般来说，CISC 架构 CPU 的指令数量多（有专用指令来完成特定的功能，处理特殊任务效率较高），指令长度变化多，需要支持多种寻址方式，主要采用微程序控制技术（微码）实现，包含丰富的电路单元，具有功能强、面积大、功耗大等特点。

RISC 设计者把主要精力放在那些经常使用的指令上，尽量使它们具有简单高效的特色。对不常用的功能，常通过组合指令来完成。因此，RISC 架构 CPU 的指令数量少，指令常采用定长格式（大部分为单周期指令），采用较少的寻址方式，对存储器操作有限制，使控制简单化，以硬布线逻辑控制为主、适合采用流水线，通常包含较少的单元电路，因而面积小、功耗低。

参考答案

(1) A

试题（2）

对于以下种类的计算机， (2) 更关注吞吐量、可用性、可扩展性和能耗等性能。

(2) A. 台式机   B. 服务器   C. 嵌入式计算机   D. 个人智能终端

试题（2）分析

本题考查计算机系统基础知识。

台式机（或桌面机）主要包括相对独立的部件如主机、显示器、键盘、鼠标等，一般需要放置在电脑桌或专门的工作台上，供个人用户使用。

服务器通常需要每周 7 天、每天 24 小时不间断工作；服务器系统经常需要扩展，以满

足其所支持服务或功能的增长需求；尽管对单个请求的响应速度依然重要，但由单位时间内能够处理的请求数所决定的总体效率和成本效益才是对大多数服务器的关键度量。因此对服务器强调的特征有可用性、可扩展性及高的吞吐能力等。

嵌入式计算机在日用电器中随处可见，其处理能力和差别很大，这类计算机的主要目标是以最低价格满足性能需要。

参考答案

（2）B

试题（3）

计算机中的 CPU 主要由运算单元、控制单元、寄存器组和时序电路等组成，其中对程序指令进行译码的是 __(3)__ 。

（3）A．运算单元　　　B．控制单元　　　C．寄存器组　　　D．时序电路

试题（3）分析

本题考查计算机系统基础知识。

CPU 中的运算单元是对数据进行加工处理的部件，主要完成算术和逻辑运算。控制单元的主要功能则是从主存中取出指令并进行分析，协调计算机的各个部件有条不紊地完成指令的功能。寄存器也是 CPU 中的一个重要组成部分，寄存器既可以用来存放数据和地址，也可以存放控制信息或 CPU 工作时的状态。时序电路用于产生时序脉冲和节拍电位以控制计算机各部件有序地工作。

参考答案

（3）B

试题（4）

MIPS 是用来衡量计算机系统 __(4)__ 的指标。

（4）A．存储容量　　　B．处理效率　　　C．运算速度　　　D．时钟频率

试题（4）分析

本题考查计算机系统基础知识。

MIPS（Million Instructions Per Second）表示单字长定点指令平均执行速度，即每秒处理的百万级的机器语言指令数，是衡量 CPU 速度的一个指标。

参考答案

（4）C

试题（5）

在寄存器、高速缓存、内存储器、外存储器等存储器件中， __(5)__ 。

（5）A．外存储器容量最小速度最快　　　B．高速缓存容量最小速度最快
　　　C．内存储器容量最小速度最快　　　D．寄存器容量最小速度最快

试题（5）分析

本题考查计算机系统基础知识。

计算机存储器层次结构如下图所示。图中：顶层是 CPU 中的寄存器，其访问速度最快；第二层是高速缓冲存储器 Cache，与 CPU 工作速度接近；第三层是主存储器，也称为内部存

储器或者 RAM（Random Access Memory）；第四层是磁盘。存储器体系最后一层是光盘、磁带等。在存储器层次结构中，越靠近上层，速度越快，容量越小，单位存储容量价格越高。

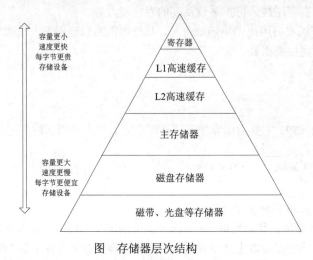

图 存储器层次结构

参考答案

（5）D

试题（6）

栈是计算机系统中常用的数据结构，在入栈/出栈的过程中，__(6)__ 保持不变。

（6）A．栈顶指针　　　　B．栈底指针　　　　C．栈顶的数据　　　　D．栈底的数据

试题（6）分析

本题考查数据结构基础知识。

栈是只能通过访问它的一端来实现数据存储和检索的一种线性数据结构。换句话说，栈的修改是按先进后出的原则进行的。因此，栈又称为先进后出（FILO，或后进先出）的线性表。在栈中，进行插入和删除操作的一端称为栈顶（top），相应地，另一端称为栈底（bottom）。栈顶指针随着入栈和出栈操作频繁变化，因此相应的栈顶数据也在变化，当栈中只有 1 个元素时，该元素同时也是栈底的数据，会随着出栈操作而变化。在对栈进行运算的过程中，栈底指针是不变的。

参考答案

（6）B

试题（7）

在计算机程序中，一个函数（或子程序）直接或间接地调用自身称为 __(7)__ 。

（7）A．迭代　　　　B．循环　　　　C．递归　　　　D．调试

试题（7）分析

本题考查程序设计基础知识。

在程序中，递归是指一个过程或函数在其定义或说明中又直接或间接调用自身的一种方式。通过递归将一个大型复杂的问题层层转化为一个与原问题相似而规模更小的问题来求

解,从而用少量的代码来描述出解题过程所需要的多次重复计算。递归的能力在于用有限的语句来定义对象的无限集合。一般来说,递归需要有边界条件、递归前进段和递归返回段。当边界条件不满足时,递归前进;当边界条件满足时,递归返回。

参考答案

(7) C

试题(8)

编译和解释是实现编程语言的两种基本方式,以下编程语言中只有__(8)__是典型的编译型语言。

(8) A. Java　　　　B. C/C++　　　　C. Python　　　　D. SQL

试题(8)分析

本题考查程序设计语言基础知识。

用某种高级语言或汇编语言编写的程序称为源程序,源程序不能直接在计算机上执行。如果源程序是用汇编语言编写的,则需要一个称为汇编程序的翻译程序将其翻译成目标程序后才能执行。如果源程序是用某种高级语言编写的,则需要对应的解释程序或编译程序对其进行翻译,然后在机器上运行。

解释程序也称为解释器,它可以直接解释执行源程序,或者将源程序翻译成某种中间表示后再执行;而编译程序(编译器)是首先将源程序翻译成目标语言程序,将目标程序与其他代码库的函数链接后形成可执行程序,然后在计算机上运行可执行程序。

C/C++是典型的编译型程序设计语言,Java 编译器将 Java 源程序翻译为字节码再由 Java 虚拟机执行,Python 是用解释方式实现的通用程序设计语言,SQL 是结构化查询语言的简称,用于操纵关系型数据库中的数据。

参考答案

(8) B

试题(9)

除机器语言之外,最底层的编程语言是__(9)__。

(9) A. 汇编语言　　　B. C/C++　　　　C. 脚本语言　　　　D. Python

试题(9)分析

本题考查程序设计语言基础知识。

计算机硬件只能识别由 0、1 字符序列组成的机器指令,因此机器指令是最基本的计算机语言。用机器语言编制程序效率低、可读性差,也难以理解、修改和维护。因此,人们设计了汇编语言,用容易记忆的符号代替 0、1 序列,来表示机器指令中的操作码和操作数。

参考答案

(9) A

试题(10)

以下关于数据结构的叙述中,错误的是__(10)__。

(10) A. 数据结构是计算机存储、组织数据的方式
　　　B. 数据结构是指相互之间存在一种或多种特定关系的数据元素的集合

C．栈是后进先出的线性数据结构，队列是先进先出的线性数据结构

D．栈是先进先出的数据结构，队列是后进先出的数据结构

试题（10）分析

本题考查数据结构基础知识。

栈是后进先出的线性数据结构，队列是先进先出的线性数据结构。因此，选项 D 是错误的。

参考答案

（10）D

试题（11）

树是一种数据结构，它是由 n（$n≥0$）个有限结点组成一个具有层次关系的集合。下面叙述中，__（11）__ 不符合树的特点。

（11）A．对于非空树，有且仅有一个根结点

B．除了根结点，树中每个结点有唯一的父结点

C．树中的每个结点至少要有一个孩子结点

D．树中的每个结点可以有 0 个或多个孩子结点

试题（11）分析

本题考查数据结构基础知识。

树是 n（$n≥0$）个结点的有限集合。当 $n=0$ 时称为空树。在任一非空树（$n>0$）中，有且仅有一个称为根的结点；其余结点可分为 m（$m≥0$）个互不相交的有限集 $T_1, T_2, \cdots, T_m$，其中每个有限集又都是一棵树，并且称为根结点的子树。

树的定义是递归的，它表明了树本身的固有特性，也就是一棵树由若干棵子树构成，而子树又由更小的子树构成，没有子树的结点称为终端（或叶子）结点。该定义只给出了树的组成特点，若从数据结构的逻辑关系角度来看，树中元素之间有明确的层次关系。对树中的某个结点，它最多只与上一层的一个结点（即其双亲结点）有直接关系，而与其下一层的多个结点（即其子树结点）有直接关系，如下图所示。通常，凡是分等级的分类方案都可以用具有严格层次关系的树结构来描述。

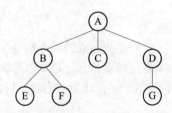

选项 C 所述"树中的每个结点至少要有一个孩子结点"是错误的。

参考答案

（11）C

试题（12）

Windows 操作系统通常将系统文件保存在 __（12）__ 。

(12) A. "MyDrivers"文件或"update"文件中
    B. "MyDrivers"文件夹或"update"文件夹中
    C. "Windows"文件或"Program Files"文件中
    D. "Windows"文件夹或"Program Files"文件夹中

试题（12）分析

本题考查 Windows 操作系统方面的基础知识。

系统文件是计算机上运行 Windows 所必需的任意文件。系统文件通常位于"Windows"文件夹或"Program Files"文件夹中。默认情况下，系统文件是隐藏的。最好让系统文件保持隐藏状态，以避免将其意外修改或删除。

参考答案

（12）D

试题（13）

某分页存储管理系统中的地址结构如下图所示。若系统以字节编址，则该系统的页面个数和页面大小分别为__（13）__。

(13) A. 1024 和 1 MB   B. 4096 和 1 MB
     C. 1024 和 2 MB   D. 4096 和 2 MB

试题（13）分析

本题考查操作系统分页存储管理系统基础知识。

根据题意，页号的地址长度为二进制 12 位，$2^{12}=4096$，所以该系统共有 4096 个页面。页内地址的长度为 20 位，$2^{20}=2^{10}\times2^{10}=1024\times1024=1024KB=1MB$，所以该系统页的大小为 1 MB。

参考答案

（13）B

试题（14）

嵌入式操作系统的特点包括微型化、可定制、实时性、可靠性和易移植性。其中，实时性指的是__（14）__。

(14) A. 系统构件、模块和体系结构必须达到应有的可靠性
    B. 对过程控制、数据采集、传输通信等需要迅速响应
    C. 在不同的微处理器平台上，能针对硬件变化进行结构与功能上的配置
    D. 采用硬件抽象层和板级支撑包（Board Support Package）的底层设计技术

试题（14）分析

本题考查嵌入式操作系统的基本概念。

嵌入式操作系统的主要特点包括微型化、可定制、实时性、可靠性和易移植性。其中，实时性是指对过程控制、数据采集、传输通信等需要迅速响应。

参考答案

(14) B

试题（15）

某企业信息系统采用分布式数据库系统，"当某一场地故障时，系统可以使用其他场地上的复本而不至于使整个系统瘫痪"称为分布式数据库的__(15)__。

(15) A．共享性　　　　　B．自治性　　　　　C．可用性　　　　　D．分布性

试题（15）分析

本题考查对分布式数据库基本概念的理解。

在分布式数据库系统中，共享性是指数据存储在不同结点中，可以实现全局共享和局部共享；自治性指每结点对本地数据都能独立管理；可用性是指当某一场地故障时，系统可以使用其他场地上的复本而不至于使整个系统瘫痪；分布性是指数据在不同场地上的存储。

参考答案

(15) C

试题（16）

数据库中数据的__(16)__是指数据库正确性和相容性，是为了防止合法用户使用数据库时向数据库加入不符合语义的数据。

(16) A．完整性　　　　　B．安全性　　　　　C．可靠性　　　　　D．并发控制

试题（16）分析

本题考查数据库系统基本概念。

完整性（integrality）是指数据库正确性和相容性，是防止合法用户使用数据库时向数据库加入不符合语义的数据。保证数据库中数据是正确的，避免非法的更新。

参考答案

(16) A

试题（17）

设计关系模式时，派生属性不会作为关系中的属性来存储。教师（教师号，姓名，性别，出生日期，年龄）关系中，派生属性是__(17)__。

(17) A．姓名　　　　　B．性别　　　　　C．出生日期　　　　　D．年龄

试题（17）分析

本题考查对数据库系统概念设计的理解。

在概念设计中，需要概括企业应用中的实体及其联系，确定实体和联系的属性。派生属性是指可以由其他属性进行计算来获得的属性，如年龄可以由出生日期、系统当前时间计算获得，是派生属性。在系统中存储派生属性，会引起数据冗余，增加额外存储和维护负担，也可能产生数据的不一致性。

参考答案

(17) D

试题（18）

假设关系 $R<U, F>$，$U=\{A,B,C,D\}$，$F=\{AC \rightarrow B, AB \rightarrow C, B \rightarrow D\}$，那么在关系 R

中____(18)____。

(18) A. 有 1 个候选关键字 BC B. 有 1 个候选关键字 BD
     C. 有 2 个候选关键字 AB 和 BC D. 有 2 个候选关键字 AB 和 AC

试题（18）分析

本题考查关系数据库中候选关键字方面的基本知识。

在关系数据库中，候选关键字可以决定全属性。由于属性 A 只出现在函数依赖的左部，所以必为候选关键字的成员。本题 $(AB)_F^+ = U$，$(AC)_F^+ = U$，所以 AB 和 AC 均为候选关键字，并含有属性 A。而 $(BC)_F^+ \neq U$，$(BD)_F^+ \neq U$，故 BC、BD 不是候选关键字。

参考答案

(18) D

试题（19）、（20）

关系 R、S 如下表所示，$R \bowtie S$ 的结果集有____(19)____个元组，R、S 的左外联接、右外联接的元组个数分别为____(20)____。

R

A1	A2	A3
1	2	3
2	1	4
3	4	4
4	6	7

S

A1	A2	A4
1	9	1
2	1	8
3	4	4
4	8	3

(19) A. 1 B. 2 C. 3 D. 4
(20) A. 2、2 B. 2、4 C. 4、4 D. 4、8

试题（19）、（20）分析

本题考查关系代数运算基础知识。

试题（19）的正确选项为 B。两个关系 R 和 S 进行自然连接时，选择两个关系 R 和 S 公共属性上相等的元组，去掉重复的属性列构成新关系。由于本题 R 和 S 公共属性上相等的元组只有 R 和 S 上的元组 2 和元组 3 中的 $R.A1 = S.A1$，$R.A2 = S.A2$，故去掉重复属性列 $S.A1, S.A2$，结果集应为 $\{(2,1,4,8),(3,4,4,4)\}$。

试题（20）的正确选项为 C。两个关系 R 和 S 进行自然连接时，选择 R 和 S 公共属性上相等的元组、去掉重复的属性列来构成新关系。在这种情况下，关系 R 中的某些元组有可能在关系 S 中不存在公共属性值上相等的元组，造成关系 R 中这些元组的值在运算时被舍弃了；同样关系 S 中的某些元组也可能舍弃。为此，扩充了关系运算左外联接、右外联接和完全外联接。

左外联接是指 R 与 S 进行自然连接时，只把 R 中舍弃的元组放到新关系中。

右外联接是指 R 与 S 进行自然连接时，只把 S 中舍弃的元组放到新关系中。

完全外联接是指 R 与 S 进行自然连接时，把 R 和 S 中舍弃的元组都放到新关系中。

题中 R 与 S 的左外联接、右外联接的结果如下表所示。

| \multicolumn{4}{c}{R 与 S 的左外联接} | | | | \multicolumn{4}{c}{R 与 S 的右外联接} |

A1	A2	A3	A4	A1	A2	A3	A4
1	2	3	null	1	9	null	1
2	1	4	8	2	1	4	8
3	4	4	4	3	4	4	4
4	6	7	null	4	8	null	3

从运算的结果可以看出 R 与 S 的左外联接、右外联接的元组个数分别为 4、4。

参考答案

（19）B　（20）C

试题（21）

视图设计属于数据库设计的 __(21)__ 阶段。

(21) A．需求分析　　B．概念设计　　C．逻辑设计　　D．物理设计

试题（21）分析

本题考查对数据库设计相关概念的掌握。

视图设计是指在确定了基本表的情况下，根据处理需求，确定增加相应的视图，以方便应用程序的编写和安全性要求，应属于逻辑结构设计阶段要完成的任务。

参考答案

（21）C

试题（22）

某软件公司研发人力资源信息管理系统的过程中，__(22)__ 不属于数据库管理员（DBA）的职责。

(22) A．决定数据库的存储结构和存取策略
　　　B．定义数据的安全性要求和完整性约束条件
　　　C．决策数据库究竟要存放哪些信息和信息的结构
　　　D．设计与编写信息管理系统程序

试题（22）分析

本题考查数据库系统基本概念。

研发信息系统过程的一个重要环节是数据库的建立和维护，需要专人完成，所谓专人就是数据库管理员（DBA），具体职责如下：

①决定数据库中的信息内容和结构，DBA 要参与数据库设计的全过程，决策数据库究竟要存放哪些信息以及信息的结构。

②决定数据库的存储结构和存取策略，以获得较高的存储效率和存储空间的利用率。

③定义数据的安全性要求和完整性约束条件。

④监控数据库的使用和运行。一旦数据库出现问题，DBA 必须在最短的时间内将数据库恢复到正确状态。

⑤数据库的改进和重组重构。当用户的需求发生变化时，DBA 还要对数据库改进，重组重构。

参考答案

（22）D

试题（23）

在信息系统安全管理中，以下措施，__(23)__ 能最有效地防范计算机病毒。

（23）A. 数据之间的传输尽量使用移动存储器
　　　B. 及时更新病毒库，并经常对系统进行检查
　　　C. 定期地用磁盘整理程序对磁盘进行碎片处理
　　　D. 防止计算机设备遭水灾、火灾、有害气体和其他环境事故破坏的措施

试题（23）分析

有效防范计算机病毒的关键问题是了解病毒，养成一个良好的计算机应用和管理的习惯，对保障计算机不受病毒侵扰尤为重要。因此，最有效的防范是及时更新病毒库，并经常对系统进行检查，由于每天都有大量的病毒变种出现，因此需要经常更新病毒库来保证杀毒软件有能力来查杀最新的病毒。其次是使用 Windows Update 更新操作系统，并及时下载并安装补丁程序，因为一些恶性蠕虫病毒和木马病毒一般都是通过系统漏洞传播的，打好系统补丁就可以防止此类病毒的感染；另外，不要随便直接运行或打开来历不明的电子邮件的附件。

参考答案

（23）B

试题（24）

防火墙网络地址转换（Network Address Translation）的目的是 __(24)__ 。

（24）A. 进行入侵检测　　　　　　B. 对应用层进行侦测和扫描
　　　C. 防止病毒入侵　　　　　　D. 隐藏内部网络 IP 地址及拓扑结构信息

试题（24）分析

本题考查防火墙的基础知识。

防火墙的网络地址转换功能（Network Address Translation，NAT）是一种将私有（保留）地址转化为合法 IP 地址的转换技术，NAT 不仅完美地解决了 IP 地址不足的问题，而且还能够有效地避免来自网络外部的攻击，隐藏内部网络 IP 地址及拓扑结构信息。

参考答案

（24）D

试题（25）

以下选项中，__(25)__ 并未构成计算机犯罪。

（25）A. 在微信公共平台上造谣侮辱他人
　　　B. 充当黑客，篡改某网站的信息资料
　　　C. 在课程学习过程中使用了来历不明的软件
　　　D. 网上盗取他人银行账号与密码，并进行存款转存

试题（25）分析

本题考查计算机犯罪方面的认知。

不使用来历不明的程序或软件，可以有效地防范计算机病毒。选项C"在课程学习过程中使用了来历不明的软件"属于防范意识问题，未构成计算机犯罪。

参考答案

（25）C

试题（26）

Z书法家将自己创作的一幅书法作品原件出售给了M公司。M公司未经Z书法家的许可将这幅书法作品作为商标注册，并取得商标权。以下说法正确的是__（26）__。

（26）A．M公司的行为侵犯了Z书法家的著作权
　　　B．M公司的行为未侵犯Z书法家的著作权
　　　C．M公司的行为侵犯了Z书法家的商标权
　　　D．M公司与Z书法家共同享有该书法作品的著作权

试题（26）分析

本题考查知识产权方面的基础知识。

某些知识产权具有财产权和人身权双重性，例如著作权，其财产权属性主要体现在所有人享有的独占权以及许可他人使用而获得报酬的权利，所有人可以通过独自实施获得收益，也可以通过有偿许可他人实施获得收益，还可以像有形财产那样进行买卖或抵押；其人身权属性主要是指署名权等。有的知识产权具有单一的属性，例如，发现权只具有名誉权属性，而没有财产权属性；商业秘密只具有财产权属性，而没有人身权属性；专利权、商标权主要体现为财产权。所以，M公司未经Z书法家的许可将这幅书法作品作为商标注册，并取得商标权，M公司的行为侵犯了Z书法家的著作权。

参考答案

（26）A

试题（27）

李刚是M公司的软件设计师，在软件开发过程中均按公司规定编写软件文档，并提交公司存档。那么该软件文档的著作权__（27）__享有。

（27）A．应由李刚　　　　　　　　B．应由M公司
　　　C．应由M公司和李刚共同　　D．除署名权以外，其他权利由李刚

试题（27）分析

本题考查知识产权基础。

依据《中华人民共和国著作权法》第十一条、第十六条规定，职工为完成所在单位的工作任务而创作的作品属于职务作品。职务作品的著作权归属分为两种情况。

①虽是为完成工作任务而为，但非经法人或其他组织主持，不代表其意志创作，也不由其承担责任的职务作品，如教师编写的教材。著作权应由作者享有，但法人或者其他组织在其业务范围内有优先使用的权利，期限为2年。

②由法人或者其他组织主持，代表法人或者其他组织意志创作，并由法人或者其他组织承担责任的职务作品，如工程设计、产品设计图纸及其说明、计算机软件、地图等职务作品，以及法律规定或合同约定著作权由法人或非法人单位单独享有的职务作品，作者享有署名

权,其他权利由法人或者其他组织享有。

参考答案

(27) B

试题 (28)

网络安全基本要素中数据完整性是指 (28) 。

(28) A. 确保信息不暴露给未授权的实体或进程

　　B. 可以控制授权范围内信息流向及行为方式

　　C. 确保接收到的数据与发送的一致

　　D. 对出现的网络安全问题提供调查依据和手段

试题 (28) 分析

本题考查网络安全基础知识。

网络安全基本要素中包括机密性、完整性、可用性、可控性和可审查性。数据完整性是指确保接收到的数据与发送的一致,即数据在存储或传输的过程中保持不被修改、不被破坏和丢失的特性。

参考答案

(28) C

试题 (29)

TCP/IP 是一个协议簇,包含了多个协议。其中 (29) 是用来进行文件传输的基本协议。

(29) A. Telnet　　　　B. SMTP　　　　C. FTP　　　　D. POP

试题 (29) 分析

本题考查对互联网络协议的了解。

TCP/IP 协议族(TCP/IP Protocol Suite,或 TCP/IP Protocols,简称 TCP/IP)是一个网络通信模型,涉及整个网络传输协议家族,为互联网的基础通信架构。该协议簇本身包括了用来登录到远程计算机上进行信息访问的远程登录协议 Telnet,用来解决文件传输的基本协议 FTP 及进行简单邮件传输的协议 SMTP。

参考答案

(29) C

试题 (30)

在数据通信的主要技术指标中,公式 $S=Blog_2N$(B 为波特率,N 为一个波形的有效状态数)中的 S 表达的计算参数是 (30) 。

(30) A. 信道延迟　　B. 误码率　　C. 带宽　　D. 比特率

试题 (30) 分析

本题考查计算机网络基础知识。

数据通信是计算机网络中解决传输问题的重要技术,评价数据通信质量和效果的技术指标也有很多。其中:信道延迟是指信号在信道中传输时,从信源端到信宿端的时间差;误码率是指二进制数字信号在传送过程中被传错的概率,其计算公式为 Pe=传错的比特数/传送的总比特数;带宽是指介质能传输的最高频率与最低频率之间的差值,通常用 Hz 表示;比特率也称位速率，是指单位时间内所传送的二进制位数，单位为位/秒（bps），其计算公式是 $S=Blog_2N$（B 为波特率，N 为一个波形的有效状态数）。

参考答案

（30）D

试题（31）

___（31）___ 技术就是通过网络中的结点在两个站点之间建立一条专用的通信线路进行数据交换。

（31）A．线路交换　　　　　　　　B．报文交换
　　　 C．分组交换　　　　　　　　D．数字语音插空

试题（31）分析

本题考查对数据交换技术的理解。

数据交换技术有多种。线路交换技术是在两个站点之间建立一条专用的通信线路进行交换。报文交换采用存储转发的方式传输数据，它不需要在两个站点之间建立一条专用的通信线路，其特点是线路利用率高。分组交换类似于报文交换，但每次只能发送其中一个分组，分组交换具有传输时间短、延迟小、开销小等特点。数字语音插空技术是通过将人类语音中固有的无声空间给活跃用户使用的方式，在许多用户之间分享通信通道。

综上所述，可以看出只有线路交换是通过网络中的结点在两个站点之间建立一条专用的通信线路进行交换。

参考答案

（31）A

试题（32）

局域网的介质访问控制方式主要有带冲突检测的载波监听多路访问介质控制（CSMA/CD）、令牌总线访问控制和令牌环（Token Ring）访问控制，其中带冲突检测的载波监听多路访问介质控制是一种 ___（32）___ 。

（32）A．适合于环状网络结构的分布式介质访问控制方式
　　　 B．适合于总线型结构的分布式介质访问控制方式
　　　 C．适合于树型结构的分布式介质访问控制方式
　　　 D．适合于星型结构的分布式介质访问控制方式

试题（32）分析

本题考查对局域网的介质访问控制方式的理解。

介质访问控制方式，也就是信道访问控制方法，可以简单地理解为如何控制网络节点何时发送数据、如何传输数据以及怎样在介质上接收数据。局域网的介质访问控制方式主要有带冲突检测的载波监听多路访问介质控制（CSMA/CD）、令牌总线访问控制和令牌环（Token Ring）访问控制三种。其中带冲突检测的载波监听多路访问介质控制是一种适合于总线型结构的具有信道检测功能的分布式介质访问控制方式；令牌环（Token Ring）访问控制是一种适合于环状网络结构的分布式介质访问控制方式；令牌总线访问控制方式是在综合了 CSMA/CD 和令牌环优点的基础上形成的一种介质访问控制方式，主要用于总线型网络或树

型网络结构。

参考答案

（32）B

试题（33）

网络的安全层次分为物理安全、控制安全、服务安全和协议安全。其中控制安全包括___（33）___。

（33）A．对等实体认证服务、访问控制服务等
　　　B．网络接口模块的安全控制、网络互联设备的安全控制等
　　　C．设备故障、信息泄露、操作失误等
　　　D．源地址欺骗、源路由选择欺骗等

试题（33）分析

本题考查对网络应用中的网络安全问题的理解。

计算机网络安全就其本质而言是网络上的信息安全。网络的安全层次分为物理安全、控制安全、服务安全和协议安全。其中的控制安全包括计算机操作系统的安全控制、网络接口模块的安全控制、网络互联设备的安全控制等内容。

参考答案

（33）B

试题（34）

软件工程的基本要素包括___（34）___、工具和过程。

（34）A．方法　　　B．软件　　　C．硬件　　　D．人员

试题（34）分析

本题考查软件工程三要素的内容。

软件工程三要素是指方法、工具和过程。软件工程方法为软件开发提供了"如何做"的技术。软件工具为软件工程方法提供了自动的或半自动的软件支撑环境。软件工程的过程则是将软件工程的方法和工具综合起来以达到合理、及时地进行计算机软件开发的目的。

参考答案

（34）A

试题（35）

完成软件概要设计后，得到___（35）___。

（35）A．数据流图　　　　　　　B．用例图
　　　C．软件架构图　　　　　　D．模块的数据结构和算法

试题（35）分析

本题考查软件开发基础知识。

概要设计的主要任务是把需求分析得到的系统扩展用例图转换为软件结构和数据结构。设计软件结构的具体任务是：将一个复杂系统按功能进行模块划分、建立模块的层次结构及调用关系、确定模块间的接口及人机界面等。数据流图、用例图是需求分析阶段的输出，软件架构图是概要设计阶段的输出，模块数据结构和算法的设计是详细设计阶段的工作。

参考答案
（35）C

试题（36）

下面的敏捷开发方法中，__(36)__ 使用迭代的方法，把一段时间如每 30 天进行一次迭代称为一个"冲刺"，并按需求的优先级别来实现产品。

（36）A．极限编程（XP）　　　　　　B．水晶法（Crystal）
　　　C．并列争求法（Scrum）　　　　D．自适应软件开发（ASD）

试题（36）分析

本题考查敏捷开发相关的方法和概念。

极限编程（XP）是一门针对业务和软件开发的规则，它的作用在于将两者的力量集中在共同的、可以达到的目标上。XP 注重的核心是沟通、简明、反馈和勇气。水晶法（Crystal）认为不同的项目采用不同的策略、约定和方法论，认为人对软件质量有重要的影响，随着项目质量和人员素质的提高，项目和过程的质量也随之提高。并列争求法（Scrum）是一种迭代的增量化过程，用于产品开发或工作管理。它是一种可以集合各种开发实践的经验化过程框架。并列争求法使用迭代的方法，其中，把每 30 天一次的迭代称为一个"冲刺"，并按需求的优先级别来实现产品。自适应软件开发（ASD）强调开发方法的适应性，这一思想来源于复杂系统的混沌理论。ASD 不像其他方法有很多具体的实践做法，它更侧重于为 ASD 的重要性提供最根本的基础，并从更高的组织和管理层次来阐述开发方法为什么要具备适应性。

参考答案
（36）C

试题（37）

COCOMO Ⅱ 模型在预算软件项目成本时，基于早期设计模型估算 __(37)__ 。

（37）A．应用程序点数量　　　　　　B．功能点数量
　　　C．复用或生成的代码行数　　　D．源代码的行数

试题（37）分析

本题考查 COCOMO Ⅱ 成本估算模型相关知识。

在利用 COCOMO Ⅱ 模型进行软件成本估算过程中，首先采用功能点或代码量法估算出软件项目的功能点数，再通过估算出的功能点数进行代码行转换，使用千代码行数作为描述项目规模的单位，最后采用进度计算公式，计算出开发该项目所需要的进度及人数。

参考答案
（37）B

试题（38）

某工厂使用一个软件系统统计缺陷数量、缺陷分类等信息，并用于生产过程改进。该系统属于 __(38)__ 。

（38）A．面向作业处理的系统　　　　B．面向管理控制的系统
　　　C．面向决策计划的系统　　　　D．面向数据汇总的系统

试题（38）分析

本题考查企业中信息系统主要类型。

根据信息服务对象的不同，企业中的信息系统分为三类：面向作业处理的系统是用来支持业务处理，实现处理自动化的信息系统；面向管理控制的系统是指辅助企业管理，实现管理自动化的信息系统；面向决策计划的系统能从管理信息系统中获得信息，帮助管理者制定最佳决策。

本题中，某工厂使用一个软件系统统计缺陷数量、缺陷分类等信息，并用于生产过程改进，有利于决策过程。

参考答案

（38）C

试题（39）

以下关于信息系统层次结构的叙述中，正确的是__（39）__。

（39）A．分为战略计划层和战术管理层两层
   B．分为业务管理层和技术实施层两层
   C．分为战略计划层、战术管理层和作业处理层三层
   D．分为战略计划层、战术管理层和战役指挥层三层

试题（39）分析

本题考查信息系统层次结构相关概念。

一个组织或企业的管理活动，从纵向看只分为三层，即分为战略计划层、战术管理层和作业处理层三层。

参考答案

（39）C

试题（40）

以下关于信息系统组成的叙述中，不正确的是__（40）__。

（40）A．信息系统包括硬件系统和软件系统
   B．信息系统包括数据和存储介质
   C．信息系统包括非计算机系统的信息收集和处理设备
   D．信息系统包括电力网络等基础设施

试题（40）分析

本题考查对信息系统组成的理解。

信息系统组成包括以下七大部分：计算机硬件系统，计算机软件系统，数据及其存储介质，通信系统，非计算机系统的信息收集、处理设备，规章制度，工作人员。

参考答案

（40）D

试题（41）

以下关于信息系统的叙述中，不正确的是__（41）__。

（41）A．在计算机出现之前不存在信息系统

B. 信息系统中用处理来转换原始输入
C. 信息系统输入和输出类型需要明确
D. 信息系统输出的信息反映了系统的功能或目标

试题（41）分析

本题考查对信息系统的理解。

信息系统是由计算机硬件、网络和通信设备、计算机软件、信息资源、信息用户和规章制度组成的以处理信息流为目的的人机一体化系统。主要有五个基本功能，即对信息的输入、存储、处理、输出和控制。信息系统经历了简单的数据处理信息系统、孤立的业务管理信息系统、集成的智能信息系统三个发展阶段。

参考答案

（41）A

试题（42）

以下关于项目的叙述中，不正确的是 __(42)__ 。

（42）A. 项目可以重复实施　　　　B. 项目有特定的委托人
　　　C. 项目有资源的约束　　　　D. 项目的组织是临时的

试题（42）分析

本题考查项目的基本概念。

所谓项目，是指在既定的资源和要求约束下，为实现某种目的而相互联系的一次性工作任务。项目的基本特征包括：明确的目标、独特的性质、有限的生命周期、特定的委托人、实施的一次性、组织的临时性和开放性、项目的不确定性和风险性及结果的不可逆转性。

根据以上描述，项目是一次性的工作任务，不可以重复实施。

参考答案

（42）A

试题（43）

以下关于信息系统项目的叙述中，不正确的是 __(43)__ 。

（43）A. 信息系统项目的生命周期有限
　　　B. 信息系统项目开发过程中需求很少变化
　　　C. 信息系统项目有不确定性
　　　D. 信息系统项目有风险

试题（43）分析

本题考查信息系统项目的特点。

在信息系统项目开发过程中，客户需求随项目进展而变，导致项目进度、费用等不断变更。尽管已经做好了系统规划、可行性研究，签订了较明确的技术合同，然而随着系统分析、系统设计和系统实施的进展，客户的需求不断地被激发，导致程序、界面以及相关文档需要经常修改。而且在修改过程中又可能产生新的问题，这些问题很可能经过相当长的时间后才会被发现，这就要求项目经理不断监控和调整项目的计划执行情况。

第 5 章　2020 下半年信息系统管理工程师上午试题分析与解答

参考答案

（43）B

试题（44）

以下不属于项目管理的是 __（44）__ 。

（44）A．进度　　　　B．成本　　　　C．质量　　　　D．算法

试题（44）分析

本题考查项目管理的内容。

项目管理的内容包括进度、成本、质量、范围、风险、沟通、采购、人力资源等。

算法不属于项目管理的内容。

参考答案

（44）D

试题（45）

以下关于系统分析叙述中，不正确的是 __（45）__ 。

（45）A．系统分析是信息系统开发的最重要阶段
　　　B．系统分析需要给出软件架构图
　　　C．系统分析可以使用图作为媒介
　　　D．系统分析需要编写系统说明书

试题（45）分析

本题考查软件开发过程中系统分析的相关知识。

系统分析以系统的整体最优为目标，对系统的各个方面进行定性和定量分析。它是一个有目的、有步骤的探索和分析过程，为决策者提供直接判断和决定最优系统方案所需的信息和资料，从而成为系统工程的一个重要程序和核心组成部分。

软件架构图是概要设计阶段的输出。

参考答案

（45）B

试题（46）

以下选项中， __（46）__ 不属于 UML 的图。

（46）A．用例图　　　　　　　　　B．实体联系图
　　　C．顺序图　　　　　　　　　D．类图

试题（46）分析

本题考查 UML 图相关知识。

UML（Unified Model Language，统一建模语言）又称标准建模语言，是用来对软件密集系统进行可视化建模的一种语言。UML 从考虑系统的不同角度出发，定义了用例图、类图、对象图、包图、状态图、活动图、序列图、协作图、构件图和部署图这 10 种图。

实体联系图不属于 UML 的图。

参考答案

（46）B

试题（47）

以下选项中，__(47)__ 不属于结构化分析工具。

(47) A．数据流图　　　　　　　　B．实体联系图
　　　C．类图　　　　　　　　　　D．数据字典

试题（47）分析

本题考查结构化分析工具的知识。

结构化分析工具主要包括数据流图（DFD）、数据字典（DD）、判定表、判定树、结构化语言（PDL）、层次方框图、Warnier 图、IPO 图、控制流图（CFD）、控制说明（CSPEC）、状态转换图（STD）和实体-关系图（E-R）等。

类图是一种面向对象分析与设计工具，不属于结构化分析工具。

参考答案

(47) C

试题（48）

以下关于结构化模块设计工具的叙述中，不正确的是__(48)__。

(48) A．系统流程图反映了数据在系统各个部件之间流动的情况
　　　B．HIPO 图由流程图和 IPO 图两部分构成
　　　C．控制结构图反映了模块的调用关系和控制关系
　　　D．模块结构图反映了模块之间的联系

试题（48）分析

本题考查结构化模块设计工具的相关知识。

HIPO 图是表示软件结构的一种图形工具，以模块分解的层次性以及模块内部输入、处理、输出三大基本部分为基础建立的。H 图说明了软件系统由哪些模块组成及其层次结构，IPO 图说明了模块间的信息传递及模块内部的处理。

综上所述，HIPO 图由层次图和 IPO 图两部分组成。

参考答案

(48) B

试题（49）

以下不属于系统详细设计的是__(49)__。

(49) A．模块划分设计　　　　　　B．数据库设计
　　　C．代码设计　　　　　　　　D．用户界面设计

试题（49）分析

本题考查信息系统详细设计的内容。

信息系统详细设计包括业务对象设计、功能逻辑设计、数据库设计和界面设计等工作。详细设计是系统实现的依据，需要考虑所有的设计细节。

模块划分设计属于概要设计阶段的工作。

参考答案

(49) A

试题（50）

以下关于系统设计的叙述中，不正确的是___(50)___。

(50) A．系统设计包括总体设计和详细设计
  B．系统设计要兼顾可靠性和效率
  C．系统设计需要考虑将来可能的更改
  D．系统设计需要紧耦合、低内聚

试题（50）分析

本题考查信息系统设计的相关知识。

系统设计是根据系统分析的结果，运用系统科学的思想和方法，设计出能最大限度满足所要求的目标（或目的）的新系统的过程。系统设计需要遵循高内聚，低耦合的原则。每个模块尽可能独立完成自己的功能，不依赖于模块外部的代码。高内聚，低耦合，使得模块的"可重用性""移植性"大大增强。

参考答案

(50) D

试题（51）

以下不属于系统实施关键因素的是___(51)___。

(51) A．需求复杂程度   B．进度安排情况
  C．人员组织情况   D．开发环境构建情况

试题（51）分析

本题考查系统实施的关键因素。

系统实施的关键因素包括进度的安排情况，人员组织情况，开发环境构建情况等。

需求复杂程度不属于系统实施过程中的关键因素。

参考答案

(51) A

试题（52）

黑盒测试不能发现___(52)___。

(52) A．功能错误或者遗漏   B．输入输出错误
  C．执行不到的代码   D．初始化和终止错误

试题（52）分析

本题考查软件测试基础知识。

在软件测试中，黑盒测试是把程序看作一个不能打开的黑盒子，在完全不考虑程序内部结构和内部特性的情况下，在程序接口进行测试，它只检查程序功能是否按照需求规格说明书的规定正常使用，程序是否能适当地接收输入数据而产生正确的输出信息。

黑盒测试着眼于程序外部结构，不考虑内部逻辑结构，主要针对软件界面和软件功能进行测试，不能发现执行不到的代码。

参考答案

(52) C

试题（53）

某高校已有一套教务系统，但无法满足师生的部分需求，因此又引入了一套新的教务系统，并设定了一年的过渡期，过渡期间两套系统都可以正常使用，这种系统转换方式属于__(53)__。

(53) A．分段转换　　　　B．直接转换　　　　C．并行转换　　　　D．串行转换

试题（53）分析

本题考查新系统和遗留系统之间的转换策略。

分段转换是将新系统分成若干部分（一般以子系统为单位），一部分一部分地并行转换，直到整个系统转换完成。该方式适用于较大的重要系统，既稳妥可靠而工作量又不是太大。并行转换是旧系统和新系统并行工作一段时间，再由新系统代替旧系统的策略。

根据如上描述，两套教务系统并行工作，采用了并行转换的策略。

参考答案

(53) C

试题（54）

IT 系统管理工作中的安全审计记录包括很多方面的信息内容，下面__(54)__不属于这些信息内容。

(54) A．事件发生的时间和地点　　　　B．引发事件的用户
　　　C．事件的处理流程　　　　　　　D．事件的类型及事件成功与否

试题（54）分析

本题考查对 IT 系统管理工作中的安全审计的理解。

IT 系统管理工作中，为了能够实时监测、记录和分析网络上和用户系统中发生的各类与安全有关的事件，并阻断严重的违规行为，需要有安全审计跟踪机制，在跟踪中记录有关安全信息。审计记录应该包括：事件发生的时间和地点、引发事件的用户、事件的类型及事件成功与否，除此之外，还可能会有活动的用户账号和访问特权、用户的活动情况、未授权和未成功的访问、敏感命令的运行等。安全审计记录不包括系统建设过程中的产品授权问题。

参考答案

(54) C

试题（55）

外包成功的关键因素之一是选择具有良好社会形象和信誉、相关行业经验丰富、能够引领或紧跟信息技术发展的外包商作为战略伙伴。因此外包商的资格审查应从三个主要方面着手，下面选项中，不属于这三个方面的是__(55)__。

(55) A．技术能力　　　　　　　　B．经营管理能力
　　　C．发展能力　　　　　　　　D．资金能力

试题（55）分析

本题考查对 IT 部门人员管理中的第三方（外包）的管理的认知。

外包是一种合同协议，组织提交 IT 部门的部分控制或全部控制给一个外部组织，并支付费用，签约方依据合同所签订的服务水平协议，提供资源和专业技能来交付相应的服务。

外包成功的关键因素之一是选择具有良好社会形象和信誉、相关行业经验丰富、能够引领或紧跟信息技术发展的外包商作为战略伙伴。因此外包商的资格审查应从三个主要方面着手，这三个方面是技术能力、经营管理能力、发展能力。不关注第三方的资金支付能力。

参考答案

（55）D

试题（56）

当前，企业对员工及其在企业里账号的管理较广泛使用的是统一用户管理系统。使用统一管理系统的收益有很多，下列选项中的 （56） 不在这些收益之列。

(56) A．用户交互界面非常友好
　　　B．安全控制力度得到加强
　　　C．减轻管理人员的负担，提高工作效率
　　　D．用户使用更加方便

试题（56）分析

本题考查对系统用户管理中统一用户管理的正确理解。

统一用户管理的收益主要有：①用户使用更加方便，无须记住太多系统的登录名称和密码；②安全控制力度得到加强，管理人员可以集中处理不同系统的授权和审计；③减轻管理人员的负担，提高工作效率；④安全性得到提高，用户登录时，除了输入用户名外，还要输入静态密码和一次性动态密码。至于用户界面友好的评判不属于使用该系统带来的收益。

参考答案

（56）A

试题（57）

IT资源管理中的设施和设备管理包括的管理内容较多。下列 （57） 不是设施和设备管理中的管理内容。

(57) A．通信应急设备管理　　　B．防护设备管理
　　　C．设备的正确性管理　　　D．空调设备管理

试题（57）分析

本题考查对IT资源管理中的设施和设备管理的理解。

IT资源管理中，设施和设备管理包括电源设备管理、空调设备管理、通信应急设备管理、楼宇管理、防护设备管理等。不涉及对设备的单纯的正确性管理问题。

参考答案

（57）C

试题（58）

下列选项中， （58） 不属于DBMS的基本功能。

(58) A．数据描述功能　　　　　B．数据的查询和操纵功能
　　　C．数据的应用功能　　　　D．数据的维护功能

试题（58）分析

本题考查对IT资源管理中的数据管理的理解。

IT 资源管理中的数据管理涉及的关键软件是数据库管理系统，它保证了存储在其中的数据的安全和一致性，所有对数据的更新和维护等基本操作都要经过数据库管理系统软件，主要包括数据库描述功能、数据库管理功能、数据库的查询和操纵功能、数据库的维护功能等。数据的应用是一个很宽泛的说法，与应用软件相关，在数据库管理系统功能方面，没有这样的提法。

参考答案

（58）C

试题（59）

网络配置管理主要涉及__（59）__的设置、转换、收集和修复等信息。

（59）A．被管理的代理人员　　　　　B．网络传输介质
　　　C．公共网络运营商　　　　　　D．网络设备

试题（59）分析

本题考查对网络配置管理中的管理对象的理解。

IT 资源管理中的网络配置管理是指管理员对企业所有网络设备的配置的统一管理，通过监控网络和系统配置信息，可以跟踪和管理各种版本的硬件和软件元素的网络操作。主要涉及网络设备（网桥、路由器、工作站、服务器、交换机等）的设置、转换、收集和修复等信息。

参考答案

（59）D

试题（60）

软件开发的生命周期包括两方面的内容，一是项目应该包括哪些阶段，二是这些阶段的顺序如何。通常的软件生命周期会包括这样一些阶段（注意：下面的序号并非实际生命周期顺序序号）：

①安装（Install）；②集成及系统测试（Integration and System Test）；③编码（Coding）及单元测试（Unit Test）；④软件设计（SD）；⑤实施（Implementation）；⑥需求分析（RA）。

这些阶段的正确顺序应该是__（60）__。

（60）A．①②③④⑤⑥　　　　　　B．⑥④③②①⑤
　　　C．③①②④⑤⑥　　　　　　D．⑥①②③④⑤

试题（60）分析

本题考查对软件管理中的软件生命周期和资源管理的理解。

在对软件资源管理过程中，软件生命周期的概念很重要。通常的软件生命周期划分会有所不同，但在本题中这些阶段依次为需求分析（RA）、软件设计（SD）、编码（Coding）及单元测试（Unit Test）、集成及系统测试（Integration and System Test）、安装（Install）、实施（Implementation）。

参考答案

（60）B

试题（61）

故障及问题管理中，为便于实际操作中的监视设置，将导致 IT 系统服务中断的因素分成了 7 类，下面 __(61)__ 不在这 7 类之列。

(61) A．按计划的硬件、操作系统的维护操作引起的故障
     B．非系统操作人员运行系统
     C．人为操作故障
     D．系统软件故障

试题（61）分析

本题考查对故障管理中故障监视内容的理解。

在 IT 系统中，故障管理流程中的一项基础活动是故障监视。为便于实际操作中的监视设置，将导致 IT 系统服务中断的因素分成了 7 类，分别是：按计划的硬件、操作系统的维护操作引起的故障；应用性故障；人为操作故障；系统软件故障；硬件故障；相关设备故障（如停电时 UPS 失效导致服务中断）及自然灾害。这 7 类划分中没有对是否是专业人员运行系统进行约定。

参考答案

(61) B

试题（62）

问题管理流程应定期或不定期地提供有关问题、已知错误和变更请求等方面的管理信息，这些管理信息可用作业务部门和 IT 部门的决策依据。其中，提供的管理报告应说明调查、分析和解决问题及已知错误所消耗的资源和取得的进展。下面 __(62)__ 不属于该报告中应该包括的内容。

(62) A．事件报告
     B．产品质量
     C．系统所用设备的先进性
     D．常规问题管理与问题预防管理之间的关系

试题（62）分析

本题考查对问题管理中的管理报告内容的理解。

通常将会导致潜在故障的原因称为问题。在问题管理流程中，强调应定期或不定期地提供有关问题、已知错误和变更请求等方面的管理信息，这些管理信息可用作业务部门和 IT 部门的决策依据。其中，提供的管理报告应说明调查、分析和解决问题及已知错误所消耗的资源和取得的进展。因此，管理报告通常包括这样一些主要内容：事件报告、产品质量、管理效果、常规问题管理与问题预防管理之间的关系、问题状态和行动计划、改进问题管理的意见和建议。系统所用设备的先进性问题不属于管理报告中的主要内容。

参考答案

(62) C

试题（63）

信息系统的安全管理中，介质安全包括介质上数据的安全及介质本身的安全。该层次上

常见的不安全情况大致有三类。下列 (63) 不属于这三类安全情况。

(63) A. 损坏　　　　B. 泄露　　　　C. 意外失误　　　　D. 格式不正确

试题（63）分析

本题考查对介质安全的正确认识。

在安全管理中，介质安全包括介质上数据的安全及介质本身的安全。该层次上常见的不安全情况大致有三类：①损坏，包括自然灾害、物理损坏、设备故障等；②泄露，主要包括电磁辐射、乘机而入、痕迹泄露等；③意外失误，如操作失误、意外疏漏等。没有格式不正确这样的判断和提法。

参考答案

(63) D

试题（64）

安全管理的执行是信息系统安全管理的重要一环，再好的安全策略没有具体的执行支持是不可能获得较好的安全效果的。一般情况下，安全管理执行主要包括四方面内容，下列选项中，__(64)__ 不属于这四方面的内容。

(64) A. 选购好的杀毒软件　　　　B. 安全性管理指南
　　　C. 入侵检测　　　　　　　　D. 安全性强度测试

试题（64）分析

本题考查对安全管理的执行理解。

安全管理的执行是信息系统安全管理的重要一环，再好的安全策略没有具体的执行支持是不可能获得较好的安全效果的。一般情况下，安全管理执行主要包括四方面内容：①安全性管理指南要求尽可能把各种安全策略文档化和规范化，以确保安全管理工作具有明确的依据或参照；②入侵检测，进行入侵检测，防止系统受到攻击；③安全性强度测试，可以检验系统的安全保障能力；④安全性审计支持，实时检测、记录和分析网络上和用户系统中发生的各类与安全有关的事件，阻断严重的违规行为。选购好的杀毒软件不属于安全管理执行阶段的工作。

参考答案

(64) A

试题（65）

系统性能评价中的方法和工具较多。用基准测试程序来测试系统性能是常见的一种测试计算机系统性能的方法，常用的基准测试程序较多。下面 (65) 不是常用的基准测试程序。

(65) A. 核心基准程序方法（Kernel Benchmark）
　　　B. 浮点测试程序 Linpack
　　　C. MIPS 基准测试程序
　　　D. SPEC 基准测试程序

试题（65）分析

本题考查对性能评价方法和工具的认识。

在系统性能评价中，可用的方法和工具较多，用基准测试程序来测试系统性能是常见的一种测试计算机系统性能的方法,常用的基准测试程序较多,如实际的应用程序方法、核心基准程序方法(Kernel Benchmark)、简单基准测试程序(Toy Benchmark)、综合基准测试程序(Synthetic Benchmark)、整数测试程序(Dhrystone)、浮点测试程序 Linpack、Wetstone 基准测试程序、SPEC 基准测试程序等。MIPS(Million Instructions Per Second),即每秒处理的百万级的机器语言指令数,是评价计算机运行速度的指标,不是基准测试程序。

参考答案
(65)C

试题(66)
系统能力管理中的能力管理是一个流程,是所有 IT 服务绩效和能力问题的核心。它所涉及的管理范围包括所有计算资源硬件设备(计算主设备和外部设备)、所有网络设备,还包括__(66)__方面的内容。

(66)A. 数据中心机房装修　　　　B. 电力设备
　　　 C. 机房门禁系统　　　　　　D. 所有软件和人力资源

试题(66)分析
本题考查对信息系统的系统能力管理的范围的理解。
信息系统的系统能力管理是一个流程,是所有 IT 服务绩效和能力问题的核心。它所涉及的管理范围包括所有计算资源硬件设备(计算主设备和外部设备)、所有网络设备、所有软件(包括自主开发和外购的系统和应用软件)、人力资源(所有参与 IT 系统运营的技术人员和管理人员)。

参考答案
(66)D

试题(67)
能力数据监控很难做到对所有对象都监控,那样会使监控成本昂贵,而且难以实施。通常会选择基础设施中对关键业务提供支持的组件进行监控。监控中最常见的性能数据大体分成两类:一类是监控系统容量,另一类是监控系统的性能,以下__(67)__不属于这些主要监控的性能数据。

(67)A. CPU 使用率　　　　　　　B. 队列长度(最大、平均)
　　　 C. 每百行代码的错误率　　　D. 请求作业响应时间

试题(67)分析
本题考查对能力管理中的能力数据监控的认知与理解。
能力数据监控是一项很重要的工作,但通常很难做到对所有对象都监控,那样会使监控成本昂贵,而且难以实施。通常会选择基础设施中对关键业务提供支持的组件进行监控。监控中最常见的性能数据大体分成两类:一类是监控系统容量,另一类是监控系统的性能。这两类主要性能指标包括 CPU 使用率、内存使用率、每一类作业的 CPU 占用率、磁盘 I/O(物理和虚拟)和存储设备利用率、队列长度(最大、平均)、请求作业响应时间等,运行的软件每百行代码的错误率不在这些指标之列。

参考答案

（67）C

试题（68）

信息系统成本的构成主要是由系统在开发、运行、维护、管理、输出等方面的资金耗费及人力、能源的消耗和使用来确定。从其功能属性角度可将其划分为四类。下列选项中，__(68)__不属于这四类。

(68) A．基础成本　　B．附加成本　　C．额外成本　　D．效能成本

试题（68）分析

本题考查对信息系统评价中的信息系统成本构成的理解。

信息系统成本的构成主要是由系统在开发、运行、维护、管理、输出等方面的资金耗费及人力、能源的消耗和使用来确定。从其功能属性角度可将其划分为四类：基础成本（开发阶段所需投资和初步运行所需各种设施的建设费用）；附加成本（指运行、维护过程中不断增加的新的消耗）；额外成本（由于信息的特殊性质而引起的成本耗费）；储备成本（信息活动中作为储备而存在的备用耗费）。没有效能成本这样的类别。

参考答案

（68）D

试题（69）

信息系统评价中，信息系统的经济效益来源主要从创收和服务活动中获得，按其属性可分为固有收益、直接收益和间接收益。下列选项　__(69)__　不在这些收益要素之列。

(69) A．科研基金费即科学事业费　　　B．系统运行成本收入
　　　C．生产经营收入　　　　　　　　D．系统人员进行技术开发的收入

试题（69）分析

本题考查对信息系统评价中的信息系统的经济效益来源的理解。

信息系统评价中，经济效益来源主要从创收和服务活动中获得，按其属性可分为固有收益、直接收益和间接收益三类。具体的收益要素包括：①科研基金费，即科学事业费；②系统人员进行技术开发的收入，包括系统人员开发出的成果带来的收入以及参加各种比赛所带来的收入等；③服务收入，即接受用户委托所进行的信息服务收取的服务费；④生产经营收入，即兼做别的服务项目收入；⑤其他收入，除上述收入外，从别的途径获得的收入。没有系统运行成本收入这样的提法。

参考答案

（69）B

试题（70）

信息系统评价是有目标的，评价的最终目标就是为了做出决策。对于一个信息系统的运行评价包括这样一些活动（下面的顺序并非实际工作顺序）：

①拟定评价工作方案，收集资料

②评价工作组将评价报告报送专家咨询组复核

③确定评价对象，下达评价通知书，组织成立评价工作组和专家组

④评价工作组实施评价，征求专家意见和反馈企业，撰写评价报告

实际的工作顺序是下列选项中的__（70）__。

（70）A. ①②③④　　　　B. ④①②③　　　C. ③①④②　　　D. ②①③④

试题（70）分析

本题考查对信息系统评价项目中的评价目标和工作过程的理解。

信息系统评价是有目标的，评价的最终目标是做出决策。因此在信息系统周期的不同阶段，应用绩效评价的作用是不同的。对于一个信息系统的运行评价首先应该确立相应的系统评价者、评价对象、评价目标和评价原则及策略。其工作步骤为：①确定评价对象，下达评价通知书，组织成立评价工作组和专家组；②拟定评价工作方案，收集资料；③评价工作组实施评价，征求专家意见和反馈企业，撰写评价报告；④评价工作组将评价报告报送专家咨询组复核，向评价组织机构（委托人）送达评价报告并公布评价结果。

参考答案

（70）C

试题（71）～（75）

Early computer networks used leased telephone company lines for their connections. The U.S. Defense Department was concerned about the inherent risk of this single-channel method for connecting computers, and its researchers developed a different method of sending information through __（71）__ channels. In 1969, Defense Department researchers in the Advanced Research Projects Agency (ARPA) used this network model to connect four computers into a network called the ARPANET. The ARPANET was the earliest of the __（72）__ that eventually combined to become what we now call the Internet.

The Internet provides only the physical and logical infrastructure that __（73）__ millions of computers together. Many believe that the World Wide Web (WWW, or simply the Web) provides the killer application (制胜法宝) for this global network. The Web is considered the content of the __（74）__, providing all sorts of information by using a rich set of tools that manage and link text, graphics, sound, and video. Providing and viewing information on the Web is accomplished using server applications and client applications.

If you've already explored the Web, you'll recognize the client-side application as the Web browser. A Web browser receives, interprets, and displays __（75）__ of information from the Web. The user can navigate within pages, jump to other pages by clicking hypertext links, and point to just about any page on the Web.

（71）A. multiple　　　　B. single　　　　C. telephone　　　D. simulation
（72）A. connection　　　B. channel(s)　　 C. Internet　　　　D. network(s)
（73）A. combines　　　　B. connects　　　 C. builds　　　　　D. manages
（74）A. network　　　　 B. connection　　 C. Internet　　　　D. page
（75）A. pages　　　　　 B. applications　 C. navigations　　 D. hyperlinks

参考译文

  早期的计算机网络使用租用的电话公司线路进行连接。美国国防部担心这种连接计算机的单通道方法的固有风险，其研究人员开发了另一种通过多通道发送信息的方法。1969年，美国高级研究计划局（ARPA）的国防部研究人员使用此网络模型将四台计算机连接到称为ARPANET的网络中。ARPANET是最早的网络，最终合并为我们现在称为Internet的网络。

  因特网只是提供了将许许多多计算机连接在一起的物理与逻辑基础结构。不少人认为，是万维网（WWW 或简称 Web）为这个全球网络提供了"制胜法宝"。万维网被视为因特网的内容，它通过使用管理与链接文本、图形、声音和视频的一套丰富工具来提供各种信息。使用服务器应用程序和客户应用程序完成在万维网上提供和查看信息。

  如果你已经探索过万维网，你就会看出客户端应用程序就是万维网浏览器。万维网浏览器接收、解释和显示来自万维网的网页信息。用户可以在网页之内浏览，可以通过点击超文本链接跳到其他网页，也可以指向万维网上的几乎任何网页。

参考答案

  （71）A （72）D （73）B （74）C （75）A

第 6 章　2020 下半年信息系统管理工程师下午试题分析与解答

试题一（共 15 分）
　　阅读下列说明，回答问题 1 至问题 3，将解答填入答题纸的对应栏内。
【说明】
　　某小区快递驿站代收发各家快递公司的包裹，为规范包裹收发流程，提升效率，需要开发一个信息系统。请根据下述需求描述完成该系统的数据库设计。
【需求描述】
　　（1）记录快递公司和快递员的信息。快递公司信息包括公司名称、地址和一个电话；快递员信息包括姓名、手机号码和所属公司名称。一个快递公司可以有若干快递员，一个快递员只能属于一家快递公司。
　　（2）记录客户信息，客户信息包括姓名、手机号码和客户等级。驿站对客户进行等级评定，等级高的客户在驿站投递包裹有相应的优惠。
　　（3）记录包裹信息，便于快速查找和管理。包裹信息包括包裹编号、包裹到达驿站时间、客户手机号码和快递员手机号码。快递驿站每个月根据收发的包裹数量，与各快递公司结算代收发的费用。
【问题 1】（6 分）
【概念模型设计】
　　根据需求阶段收集的信息，设计的实体联系图（不完整）如图 1-1 所示。

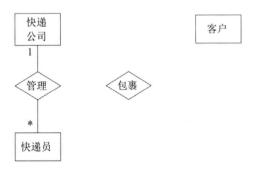

图 1-1　实体联系图（不完整）

　　根据需求描述，补充图 1-1 的实体联系图。
【问题 2】（4 分）
　　补充下列逻辑结构设计中的（a）、（b）两处空缺，并描述完整性约束关系。

【逻辑结构设计】

根据概念模型设计阶段完成的实体联系图，得出如下关系模式（不完整）：

快递公司（<u>公司名称</u>，地址，电话）

快递员（姓名，<u>快递员手机号码</u>，<u>（a）</u>）

客户（姓名，<u>客户手机号码</u>，客户等级）

包裹（<u>编号</u>，到达时间，<u>（b）</u>，快递员手机号码）

【问题3】（5分）

若快递驿站还兼有代缴水电费业务，请增加新的"水电费缴费记录"实体，并给出客户和水电费缴费记录之间的"缴纳"联系，对图1-1进行补充。"水电费缴费记录"实体包括编号、客户手机号码、缴费类型、金额和时间，请给出"水电费缴费记录"的关系模式，并说明其完整性约束。

试题一分析

本题考查数据库概念结构设计及逻辑结构转换的掌握。此类题目要求考生认真阅读题目，根据题目的需求描述，补充关系模式和实体联系图。

【问题1】

根据题意可知客户和快递员两个实体参与包裹联系，两方之间为*:*联系。由"包裹信息包括包裹编号、包裹到达驿站时间、客户手机号码和快递员手机号码"可知包裹关系模式的属性除了包含参与联系双方的主码，即客户手机号码和快递员手机号码外，还应该包含编号和到达驿站时间这两个属性，因此在包裹联系上还应该补充编号和到达驿站时间两个属性。

【问题2】

根据需求描述（1），可知快递员信息包括姓名、手机号码和所属公司名称。所以在快递员关系模式里应该包括"公司名称"，且以外键标识。

根据需求描述（3），可知包裹信息包括包裹编号、包裹到达驿站时间、客户手机号码和快递员手机号码。所以需要在包裹关系模式中包含"客户手机号码"，且以外键标识。

【问题3】

根据题意需要增加新的"水电费缴费记录"实体，并给出客户和水电费缴费记录之间的"缴纳"联系。因为每个客户可以有多条水电费缴纳记录，而每条缴纳记录只能对应一个客户，所以客户与水电费缴纳记录之间是1:*联系。

试题一参考答案

【问题1】

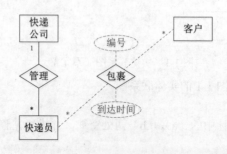

【问题 2】
（a） 公司名称
（b） 客户手机号码

【问题 3】
补充内容如图中虚线所示。

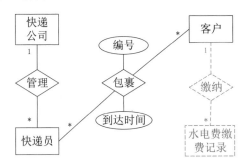

关系模式：水电费缴费记录（编号，客户手机号码，缴费类型，金额，时间）

试题二（共 15 分）

阅读以下说明，回答问题 1 至问题 3，将解答填入答题纸的对应栏内。

【说明】

某事业单位拟开发统一用户管理系统平台，解决本单位各个业务系统相互独立、数据不一致、管理分散、信息共享程度不高等问题。经过单位相关负责部门研究决定成立由李工负责的项目组，进行统一用户管理系统平台调研和开发工作。

【需求分析】

经过调研，项目组认为统一用户管理系统平台可由五个部分组成：登录管理、部门信息管理、人员信息查询及管理、信息子系统登录及系统维护。

（1）登录管理模块。该模块要求实现用户的登录、注册向导、注销功能。所有用户都可以访问该模块，但系统通过对用户进行身份验证，根据用户拥有的权限，赋予用户相应的操作权限。

（2）部门信息管理模块。具备部门管理员身份的用户可以对部门内信息进行增加、修改和删除操作，并要求所维护的部门信息同步到其他信息子系统中。

（3）人员信息查询及管理模块。允许用户查询权限范围内的人员信息，并展示部门与人员的隶属关系。具备部门管理员身份的用户可以允许其管辖内人员的信息维护，并要求所维护的信息同步到其他信息子系统中。个人用户允许维护自己的信息资料。

（4）信息子系统登录模块。要求实现功能：当统一用户管理系统要求连接一个信息子系统时，需要进行信息子系统注册。若需要进行数据同步，则要记录信息系统获得同步通知的 URL；若需要单点登录，则要记录单点登录时的 URL。

（5）系统维护模块。系统有默认的超级管理员，其职责是设置系统管理员的操作权限、配置系统同步方式（实时同步或定时同步）；系统管理员职责是设置部门管理员的操作权限及系统维护工作；部门管理员职责是设置所管辖部门管理及用户的操作权限。

表 2-1 统一用户管理系统平台

序号	功能	序号	功能
1	信息子系统注册	9	赋予用户相应的操作权限
2	部门信息维护	10	部门信息同步
3	用户登录	11	用户注册与注销
4	部门人员信息维护	12	配置系统同步方式
5	用户身份验证	13	设置用户的操作权限
6	记录信息系统获得同步通知的URL	14	人员信息查询
7	设置系统管理员权限	15	记录单点登录时的URL
8	设置部门管理员权限	16	个人信息维护

【问题 1】（8 分）

根据需求分析的结果，请将表 2-1 中序号为 1～16 的功能模块区分出来，分别归入登录管理、部门信息管理、人员信息查询及管理、信息子系统登录及系统维护等模块中，并填入答题纸对应的位置上。

（1）登录管理包含的功能：_____。

（2）部门信息管理包含的功能：_____。

（3）人员信息查询及管理包含的功能：_____。

（4）信息子系统登录包含的功能：_____。

（5）系统维护包含的功能：_____。

【问题 2】（4 分）

（1）系统平台管理分为几级？

（2）系统平台设有哪几类管理员？

【问题 3】（3 分）

（1）什么是单点登录（Single Sign On，SSO）？

（2）统一用户管理系统平台支持 SSO 有哪些优点？

试题二分析

【问题 1】

统一用户管理系统（Unified User Management System）平台可由五个部分组成：登录管理、部门信息管理、人员信息查询及管理、信息子系统登录及系统维护。各部分根据题意分析如下：

（1）根据题意，登录管理要求实现用户的登录、注册向导、注销功能。所有用户都可以访问该模块，但系统通过对用户进行身份验证，根据用户拥有的权限，赋予用户相应的操作权限。显然其功能包括：序号 3（用户登录），序号 11（用户注册与注销），序号 5（用户身份验证），序号 9（赋予用户相应的操作权限）。

（2）部门信息管理要求具备部门管理员身份的用户可以对部门内信息进行增加、修改和删除操作，并要求所维护的信息同步到其他信息子系统中。例如，原部门名称为"软件研究部"现改为"软件工程研究所"，必须将该修改信息同步到有关的信息子系统中。显然其功能包括：序号2（部门信息维护）、序号10（部门信息同步）。

（3）人员信息查询及管理要求实现查询人员信息，具备部门管理员身份的用户可以允许其管辖内人员的信息维护（进行增加、修改、删除和密码重置操作），并要求所维护的信息同步到其他信息子系统中。用户可以修改自己的信息资料。显然其功能包括：序号14（人员信息查询）、序号4（部门人员信息维护）、序号16（个人信息维护）。

（4）信息子系统登录模块要求实现功能：当统一用户管理系统要求连接一个信息子系统时，需要进行信息子系统注册。若需要进行数据同步，则要记录信息系统获得同步通知的URL；若需要单点登录，则要记录单点登录时的URL。显然其功能包括：序号1（信息子系统注册）、序号6（记录信息系统获得同步通知的URL）、序号15（记录单点登录时的URL）。

（5）系统维护要求系统有默认的超级管理员，其职责是设置系统管理员的操作权限、配置系统同步方式（实时同步或定时同步）；系统管理员职责是设置部门管理员的操作权限及系统维护工作；部门管理员职责：设置所管辖部门管理及用户的操作权限。显然其功能包括：序号7（设置系统管理员权限）、序号12（配置系统同步方式）、序号8（设置部门管理员权限）、序号13（设置用户的操作权限）。

【问题2】

根据题意，系统平台管理分为平台级、系统级和部门级3级。管理员角色包括超级管理员、系统管理员和部门管理员。

【问题3】

统一用户管理系统实现网上应用系统的用户、角色和组织机构统一化管理，实现各种应用系统间跨域的单点登录、单点退出和统一的身份认证功能，用户登录到一个系统后，再转入到其他应用系统时不需要再次登录，简化了用户的操作，也保证了同一用户在不同的应用系统中身份的一致性。

试题二参考答案

【问题1】

(1) 用户登录，用户注册与注销，用户身份验证，赋予用户相应的操作权限
  或 3，11，5，9

(2) 部门信息维护，部门信息同步   或 2，10

(3) 人员信息查询，部门人员信息维护，个人信息维护   或 14，4，16

(4) 信息子系统注册，记录信息系统获得同步通知的URL，记录单点登录时的URL
  或 1，6，15

(5) 设置系统管理员权限，配置系统同步方式，设置部门管理员权限，设置用户的操作权限
  或 7，12，8，13

【问题2】

(1) 3级

(2) 超级管理员
   系统管理员
   部门管理员

【问题 3】
(1) 单点登录是指用户一次登录后,就可以依靠认证令牌在不同系统之间切换(或用户登录到一个系统后,再转入到其他应用系统时不需要再次登录)。
(2) 优点:方便用户使用(或简化操作);在不同应用系统中用户身份的一致性(便于统一管理)。

试题三(共 15 分)

阅读以下说明,回答问题 1 至问题 3,将解答填入答题纸的对应栏内。

【说明】
在信息系统运行管理中,系统管理人员面临较多的工作,主要包括系统的日常操作管理、用户管理和存储管理等内容。

1. 系统的日常操作是整个管理中心直接面向用户最为基础的部分,它涉及企业日常作业调度管理、服务台管理、故障管理及用户支持、性能及可用性保障和输出管理等内容。

2. 在系统管理中,企业一方面通过边界安全设备部署及防御技术应用抵御外部入侵,另外一方面要避免因为用户身份的盗用造成的一些重要数据泄露或损坏。大量数据也表明企业内部安全问题比外部入侵更难于防范。更多的企业认识到加强用户身份认证工作的重要性,采用统一用户身份认证方案应对系统管理中出现的多种问题。

3. 随着信息化的发展,各类系统存储需要大量的数据,系统管理人员工作要善于运用多种管理工具使数据存储规范化和标准化,通过减少管理人员的工作强度和复杂程度,在服务管理中取得较好的效果。

请结合系统管理的知识和自己的工作情况回答以下问题。

【问题 1】(4 分)
简要说明通过对系统日常操作形成的运行报告包括哪几类。

【问题 2】(6 分)
简要说明统一用户身份认证解决系统应用中出现的哪些问题。

【问题 3】(5 分)
简要说明存储管理包括哪些内容。

试题三分析

本题考查信息系统运行维护方面的知识。信息系统运行维护(简称运维)是信息系统全生命周期中的重要阶段。运维阶段包括对系统和服务的咨询评估、例行操作、相应支持和优化改善以及性能监视、时间和问题的识别和分类,并报告系统和服务的运行状况等方面的内容。本题重点考查的是系统运维中的例行操作与响应支持等,属于运维服务中的基础服务项目。

【问题 1】
系统运行过程中的关键操作、非正常操作、故障、性能监控、安全审计等信息,应该实时或随后形成系统运行报告，以便进行分析改进。通常需要形成的报告有以下四类。

1. 系统日常操作日志。系统日常操作日志应该记录足以形成数据的信息，为关键的运行提供审核追踪记录，并保存合理的时间段。利用日志工具对日志进行检查，以便监控例外情况并发现非正常的操作、未经授权的活动、作业完成情况、存储状况、CPU、内存利用水平等。

2. 性能/能力规划报告。企业需要了解其IT能力是否满足其业务需要，因此它需了解系统性能、能力和成本的历史数据，定期形成月度、年度性能报告，并进行趋势分析和资源限制评估，在此基础之上增加或者调整其IT能力。

3. 故障管理报告。企业定期产生关于问题的统计数据，这些统计数据包括：事故出现的次数、受影响的客户数、解决事故所需的时间和成本、业务损失成本等，可以供管理层对反复发生的问题进行根本原因的分析，并寻找改进的机会。

4. 安全审计日志。为了能够及时监测、记录和分析网络上和用户系统中发生的各类与安全相关的事件，并阻断严重的违规行为，就需要安全审计跟踪机制来实现在跟踪中记录有关的安全信息。审计是记录用户使用计算机网络系统进行的所有活动的过程，是提高安全性的重要工具。

【问题2】

统一身份认证服务系统的一个基本应用模式是统一认证模式，它是以统一身份认证服务为核心的服务使用模式。用户登录统一身份认证服务后，即可使用所有支持统一身份认证服务的管理应用系统。因此从用户的角度上讲，方便了用户对不同系统的访问。

身份认证一般与授权控制是相互联系的，授权控制是指一旦用户的身份通过认证以后，确定哪些资源该用户可以访问、可以进行何种方式的访问操作等问题。在一个数字化的工作体系中，应该有一个统一的身份认证系统供各应用系统使用，但授权控制可以由各应用系统自己管理。从安全的角度上讲，统一的认证与授权通常采用复杂的加密算法与协议，这样不仅可以提高系统的安全性，同时也减少了管理人员对各子系统中分别配置系统权限导致重复操作的问题。

【问题3】

在开放企业的网络环境中，存储管理解决方案应该从提高整个企业的存储能力和数据管理水平入手。利用自动化管理工具解决重复、人工操作容易产生问题的操作，更好地发现和解决故障、提高配置信息的可用性、实现分布式系统管理等。具体的存储管理包括：自动的文件备份与归档、文件的空间管理、文件的迁移、灾难恢复以及存储数据的管理等内容。

试题三参考答案

【问题1】

（1）系统日常操作日志　　（2）性能/能力规划报告

（3）故障管理报告　　　　（4）安全审计日志

【问题2】

（1）提高系统的易用性，方便用户使用

（2）通过数字证书或统一的权限设置提高系统的安全性

（3）减轻管理人员负担，提高工作效率

【问题 3】
　　（1）文档管理和归档
　　（2）文件系统空间的管理
　　（3）文件的迁移
　　（4）灾难恢复
　　（5）存储数据的管理

试题四（共 15 分）

　　阅读以下说明，回答问题 1 至问题 4，将解答填入答题纸的对应栏内。

【说明】

　　信息安全是一个动态的变化过程，需要从管理和技术上不断地完善。

> **案例**：某企业的 IT 部门通过年度自查发现了一些问题和不足，为此提出了安全方面的改进计划。改进计划的部分内容描述如下所示。
> 1. 对新进技术人员开展 Oracle 技术培训，培训内容主要是用户管理、权限管理、角色管理、概要文件（profile）管理、审计等内容。
> 2. 通过对现有的管理制度、操作规范进行梳理，发现在软件文档、资料交接方面存在一定漏洞，一些系统档案由于人员更迭偶有遗失；一些系统、数据库密码长期不更换等问题，需要对制度进行完善。
> 3. 在重要系统已经安装防火墙的情况下，申请购买 IDS 设备并要求购买国产品牌的 IDS。

　　结合信息系统的安全管理知识，回答与企业安全管理相关的问题。

【问题 1】（4 分）
　　（1）案例中所述内容是否都属于信息安全管理的范围？
　　（2）安全管理都包括哪些内容。

【问题 2】（3 分）
　　（1）案例中提到的 Oracle 是什么软件？
　　（2）案例中提到的"概要文件"的含义是什么。

【问题 3】（4 分）
　　（1）案例中提到的资料遗失问题，可以采取哪些措施进行完善。
　　（2）案例中提到的系统、数据库密码长期不更换情况可以采取哪些技术措施。

【问题 4】（4 分）
　　（1）案例中提到的 IDS 设备的主要功能是什么，其功能防火墙是否可以替代。
　　（2）案例中提到购买国产品牌的 IDS 设备是否适当并说明理由。

试题四分析

　　本题考查信息安全的相关知识。信息系统安全包括人员安全管理制度；操作安全管理制度；场地与设施安全管理制度；设备安全管理制度；操作系统和数据库安全管理制度、技术文档的安全制度等多个方面的内容。

本题的案例从信息系统管理人员在日常工作中较为常见的安全相关的事件中选题，要求考生具有一定的信息管理工作实践经验。

【问题 1】

本案例中所述的内容涉及人员安全培训、安全管理制度、设备安全等几个信息系统安全管理的内容。若处理不当，会从不同的层面对企业的信息安全构成不同程度的威胁。

企业的安全管理需要采取人员防范与技术防范并重的原则，在此基础上更倾向于对人员的防范。对人员的防范管理主要是通过培训与安全制度来实现，技术防范的措施主要是通过技术手段与安全策略来实现。

【问题 2】

Oracle 数据库系统是美国 Oracle 公司（甲骨文）提供的以分布式数据库为核心的一组软件产品，是目前最流行的客户机/服务器（Client/Server）或 B/S 体系结构的数据库之一。Oracle 数据库是目前世界上使用最为广泛的数据库管理系统，作为一个通用的数据库系统，它具有完整的数据管理功能；作为一个关系数据库，它是一个完备关系的产品；作为分布式数据库它实现了分布式处理功能。

概要文件是口令限制和资源限制的命名集合，是 Oracle 安全策略的重要组成部分，利用概要文件可以对数据库用户进行口令管理和资源限制。例如使用概要文件可以指定口令有效期、口令校验函数、用户连接时间以及最大空闲时间等。

【问题 3】

信息系统通常不仅是运行中的软件和硬件系统，还包括软件文档、相关资料、服务合同、操作说明等保障信息系统运行的文件档案等。这些资料的遗失会给信息系统的长期运行和维护带来重大的安全隐患。通常情况下，可以采用定期检查、多人负责、健全档案管理、明确责任等多种安全措施进行保管。

对于密码的管理可以采用强制更换的策略或者制度，比如一次性密码、基于时间有效性的密码、定期更换密码等。

【问题 4】

防火墙是设置在被保护网络（本地网络）和外部网络（主要是 Internet）之间的一道防御系统，以防止发生不可预测的、潜在的破坏性侵入。它可以通过检测、限制、更改跨越防火墙的数据流，尽可能对外部屏蔽内部的信息、结构和运行状态，以此来保护内部网络中的信息、资源等不受外部网络中非法用户的侵犯。

入侵检测系统（IDS）是通过从计算机网络或计算机的关键点收集信息并进行分析，从中发现网络或系统中是否有违反安全策略的行为和被攻击的迹象。

从安全的角度考虑，信息产品采用自主品牌更符合国家的安全战略的长期需求。

试题四参考答案

【问题 1】

（1）是

（2）人员的安全管理及培训

安全制度与措施的建设
技术手段及安全策略

【问题2】
（1）数据库系统管理软件
（2）概要文件（Profile）是数据库和系统资源限制的集合，是 Oracle 数据库安全策略的重要组成部分。

【问题3】
（1）多人负责原则、定期检查制度、备份制度、完善档案管理制度等。
（2）一次性密码、基于时间的密码、定期更换密码等。

【问题4】
（1）IDS 是入侵检测系统，是依照一定的安全策略对网络、系统的运行状况进行监视，尽可能发现各种攻击企图、攻击行为或者攻击结果，以保证网络系统资源的机密性、完整性和可用性。防火墙不能替代 IDS。
（2）适当。安全设备采购原则包括尽量采用我国自主研发技术和设备。

试题五（共 15 分）

阅读以下说明，回答问题1至问题4，将解答填入答题纸的对应栏内。

【说明】

目前，很多高校都开展了网络教学活动，充分发挥了信息化在现代教学中的作用。对网络教学支撑平台的评价可以更好地改进网络教学质量，提升网络教学的效果。某高校信息部的技术人员就本校现有网络教学支撑平台进行了评价指标的设计。

该网络教学支撑平台评价指标的设计包括：①评价指标的设计原则；②评价指标及评价方法的设计；③各项评价指标说明。其中，评价指标及评价方法设计如表 5-1 所示。

表 5-1 网络教学支撑平台的评价指标及评价方法

一级指标	二级指标	评价方法
体系结构	是否为三级 B/S 模式、能否满足各种存储	技术人员评价
响应速度	页面载入时间、文件下载/上传速度	Web 日志、网站文件数据挖掘
网络传输质量	页面是否清晰、影音是否同步	师生调查
安全性	防病毒、黑客入侵的能力	技术人员评价
	数据备份及恢复、用户注册及用户管理	
稳定性	（a）	技术人员评价
有效资源率	有效访问次数、有效停留时间	技术人员评价、师生调查
有效链接	链接外观、是否定期检查链接、有效链接率	技术人员评价、师生调查
更新	是否进行更新、更新频率	技术人员评价、师生调查
交互	是否有教学需要的各种交互手段	师生调查
	交互的有效利用率	
导航系统	是否有导航、导航是否清晰、正确	技术人员评价、师生调查
帮助系统	是否有帮助系统、是否有效	技术人员评价、师生调查

请结合以上描述,从信息系统概念、信息系统评价角度回答下列问题。

【问题 1】(3 分)
简要说明表 5-1 中二级指标"三级 B/S 模式"的含义。

【问题 2】(5 分)
简要说明表 5-1 中"稳定性"包含了哪些二级指标。

【问题 3】(3 分)
上述表 5-1 中的评价结果仅是定性的评价,如果需要改进评价方法,应该如何做。

【问题 4】(4 分)
通常情况下信息系统采用的专家评估法中包括哪些具体方法。

试题五分析

本题考查信息系统评价的相关知识。信息系统评价是根据预定的系统目的,在系统调查和可行性研究的基础上,主要从技术和经济等方面,就系统设计的方案所能满足需要的程度及消耗和占用的资源进行评审。通常信息系统都是相对复杂的技术系统,在评价时对技术的先进性、可靠性、适用性和用户界面友善等技术性能方面的考查是信息系统能否满足用户需求的重要方面。

对于信息系统的评价一般包括三个方面的内容:一是综合评价指标体系及其评价标准的建立,这是评价工作的前提;二是用定性或者定量的方法确定各指标的具体数值,即指标价值;三是各指标的综合,包括综合算法和权重的确定、总体价值的计算等。

【问题 1】

本题从具体的评价项目指标出发,考查信息系统通常采用的网络架构的基本概念,信息系统的网络架构一般分为 C/S 或 B/S 结构。

C/S(Client/Server,客户机/服务器)模式又称 C/S 结构,是软件系统体系结构的一种。C/S 模式简单地讲就是基于企业内部网络的应用系统。与 B/S(Browser/Server,浏览器/服务器)模式相比,C/S 模式的应用系统最大的好处是不依赖企业外网环境,即无论企业是否能够上网,都不影响应用。

B/S 结构(Browser/Server 结构)即浏览器和服务器结构。它是随着 Internet 技术的兴起,对 C/S 结构的一种变化或者改进的结构。在这种结构下,用户工作界面是通过 WWW 浏览器来实现,事务逻辑与用户界面和数据存取明显地分离出来,将客户端用户界面与服务器的存取隔离开来,极大地改善了应用程序的可维护性。

【问题 2】

信息系统的稳定性是一个非常广泛的概念,它包括信息系统所依赖的硬件环境,也包括数据库故障、操作系统人员的能力等多方面的因素。在信息系统的日常管理中,系统的稳定性导致的系统故障占用了管理人员大量的维护时间,是信息系统管理维护人员在日常工作中接触较多的一类事件,需要在系统评测中着重考虑。

【问题 3】

定性评价是不采用数学的方法,而是根据评价者对评价对象平时的表现、现实和状态或文献资料的观察和分析,直接对评价对象做出定性结论的价值判断,比如评出等级、写出评语等。定性评价是利用专家的知识、经验和判断通过记名表决进行评审和比较的评标方法。定性评价强调观察、分析、归纳与描述。从题目给出的指标体系以及描述来看，得到的结论是定性评价。

题目给出的评价方法没有指出各种指标占到总体的权重，不利于不同专家对系统的评价打分的对比。

【问题4】

系统的评价一般分为专家评估法、经济技术评估法、模型评估法和系统分析法等多种方法。其中专家评估法包括德尔菲法、评分法、表决法和检查表法等。

德尔菲法是一种主观、定性的方法，是一种主观预测方法，是采用背对背的通信方式征询专家小组成员的预测意见，经过几轮征询，使专家小组的预测意见趋于集中，最后做出符合市场未来发展趋势的预测结论。

评分法是一种定性描述定量化方法。它首先根据评价对象的具体要求选定若干评价项目，再根据评价项目制定出评价标准，聘请若干代表性专家，凭借专家的经验按此评价标准给出各项目的评价分值，然后对其进行结集。

表决法也称定性评议法或综合评议法，评标委员会根据预先确定的评审内容，如报价、工期、技术方案和质量等方面，对各投标文件共同分项进行定性分析、比较，进行评议后，选择投标文件在各指标都较优良者为候选中标人。

检查表法又称调查表法或统计分析表法，它是利用统计调查表来进行数据收集整理工作和原因分析的一种方法。

试题五参考答案

【问题1】

三级 B/S 模式是指客户表现层、业务逻辑层、数据层。

注：答"三级 B/S 模式是通过浏览器、服务器、数据库来区分"也正确。

【问题2】

稳定性的二级指标包括：宕机频率（系统故障）、数据库故障、网络故障、机房环境（温湿度、磁场影响等）、电力保证、操作人员能力等方面。

【问题3】

实现定性到定量的转化。

改进方向是解决评价各项指标的权重问题。

【问题4】

德尔菲法

评分法

表决法

检查表法

第 7 章 2021 下半年信息系统管理工程师上午试题分析与解答

试题（1）

以下关于冯诺依曼计算机中程序和数据的叙述，错误的是 __（1）__。

(1) A．程序执行时需将指令和数据预先存放在主存储器中

　　B．程序的功能用 CPU 执行指令来实现

　　C．指令和数据都采用补码表示

　　D．指令和数据都采用二进制形式表示

试题（1）分析

本题考查计算机系统基础知识。

"指令和数据都采用补码表示"是错误的描述。补码是有符号数值在计算机中的一种表示方法，包含符号位和数值位两部分。计算机指令就是指挥机器工作的指示和命令，指令不是有符号数。

参考答案

(1) C

试题（2）

在计算机系统中采用分级存储体系的主要目的是 __（2）__。

(2) A．便于读写数据　　　　　　　　B．提高存储部件在计算机系统中的比重

　　C．便于系统升级　　　　　　　　D．解决容量与存取速度之间的矛盾

试题（2）分析

本题考查计算机系统基础知识。

计算机系统中采用分级存储体系，接近 CPU 的存储器容量更小、速度更快、成本更高，辅存容量大、速度慢、价格低，分级存储体系的主要目的是解决存储的容量、价格和速度之间的矛盾。

参考答案

(2) D

试题（3）

微机系统中，__（3）__ 不属于 CPU 的运算器组成部件。

(3) A．程序计数器　　　　　　　　　B．累加寄存器

　　C．多路转换器　　　　　　　　　D．算术和逻辑运算单元

试题（3）分析

本题考查计算机系统基础知识。

计算机中为了保证程序指令能够连续地执行下去，CPU 必须确定下一条指令的地址。程序计数器（Program Counter，PC）就是用来存放当前欲执行指令的地址的寄存器，属于 CPU 中控制器的部件。

参考答案

（3）A

试题（4）

采用指令 Cache 与数据 Cache 分离的主要目的是__(4)__。

（4）A．增加 Cache 的存储空间　　　　　　B．提高 Cache 的命中率

　　　C．降低 CPU 平均访问时间　　　　　　D．减少指令流水线资源冲突

试题（4）分析

本题考查计算机系统基础知识。

在计算机存储系统的层次结构中，高速缓存（Cache）是位于中央处理器和主存储器之间的高速小容量存储器，Cache 与主存储器之间信息的调度和传送是由硬件自动进行的。

以五级指令流水线为例，将指令执行分为取指令、译码、执行、访存和写回。其中取指令和访存都会访问 Cache，以取得指令和数据。若当前指令的访存与后面指令的取指令同时在流水线上执行，则会产生同时访问 Cache 的冲突（即资源冲突），而将指令 Cache 和数据 Cache 分开就能满足两者同时访问的需求，从而可减少流水线资源冲突，提高流水线的运行效率。

参考答案

（4）D

试题（5）

假设以下字符码包含一位奇偶校验位且无数据错误，__(5)__是采用偶校验的字符码。

（5）A．11100011　　　　B．11100001　　　　C．11001000　　　　D．11000001

试题（5）分析

本题考查数据校验的基础知识。

奇偶校验（Parity Check）是一种校验代码传输正确性的方法。根据被传输的一组二进制代码的数位中"1"的个数是奇数或偶数来进行校验。采用奇数的称为奇校验，反之，则称为偶校验。选项 B 的 11100001 中有 4 个 1，属于偶校验方式。

参考答案

（5）B

试题（6）

将高级程序设计语言转换为机器级目标代码的程序是__(6)__。

（6）A．汇编程序　　　　B．编译程序　　　　C．解释程序　　　　D．链接程序

试题（6）分析

本题考查编程语言基础知识。

编译程序也称为编译器（Compiler），是指把高级程序设计语言源程序翻译成等价的机器语言格式目标程序的翻译程序。

参考答案

（6）B

试题（7）

在以下编程语言中，__(7)__ 提供指针来实现对计算机硬件的访问。

（7）A. C/C++   B. SQL   C. Java   D. Python

试题（7）分析

本题考查编程语言基础知识。

在 C/C++语言中指针是用来存放地址值的变量或常量，从而提供了访问硬件的能力。SQL、Java 和 Python 语言中没有指针的概念。

参考答案

（7）A

试题（8）

目前主要用来进行数据分析的语言是 __(8)__ 。

（8）A. C#   B. HTML   C. Python   D. BASIC

试题（8）分析

本题考查编程语言基础知识。

Python 具有简洁、易读及可扩展等特性，已发展为生态完善且开源软件包很多的高级动态编程语言，提供强大的科学计算扩展库，如 Numpy、SciPy、Matplotlib 以及 pandas，在数据分析过程中，可以通过调用不同的包来完成相应的任务。

参考答案

（8）C

试题（9）

假设某二叉树共有 3 个结点，那么关于该二叉树的叙述中，错误的是 __(9)__ 。

（9）A. 该二叉树的高度为 2 时，根结点的左、右两个子树都非空

      B. 该二叉树的高度为 2 时，根结点的左子树为空，右子树非空

      C. 该二叉树的高度为 3 时，若根结点的左子树为空，则右子树非空

      D. 该二叉树的高度为 3 时，若根结点的右子树为空、则左子树非空

试题（9）分析

本题考查数据结构基础知识。

二叉树中的每个结点最多只有两个子树，且区分是左子树还是右子树。

高度为 2 的所有二叉树如下图所示，其中（a）表示根结点只有左子树，没有右子树（即右子树为空）；（b）表示根结点只有右子树，没有左子树（即左子树为空）；（c）表示根结点的左右子树都存在。当要求高度为 2 的二叉树具有 3 个结点时，其形态只可能为图（c）所示。

当二叉树的结点数为 3 时，由于其中一个结点为根结点，其余 2 个结点可以是兄弟关系或父子关系。因此，具有三个结点的所有二叉树如下图（d）所示。

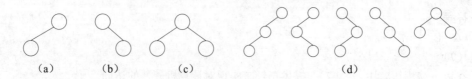

(a)　　　(b)　　　(c)　　　　　(d)

综上所述，选项 B 的说法是错误的。

参考答案

（9）B

试题（10）

以下关于数据结构的叙述中，正确的是__(10)__。

(10) A．栈属于线性的数据结构，队列属于非线性的数据结构

B．栈属于非线性的数据结构，队列属于线性的数据结构

C．栈和队列都属于线性的数据结构

D．栈和队列都属于非线性的数据结构

试题（10）分析

本题考查数据结构基础知识。

栈和队列都是常用的运算受限的线性数据结构，即其所有元素构成一个线性序列。

栈的特点是后进先出，队列的特点是先进先出。

参考答案

（10）C

试题（11）

以下关于计算机算法鲁棒性的叙述中，正确的是__(11)__。

(11) A．对于合法输入和非法输入都能进行适当的处理

B．算法能正确地处理给定的问题并给出正确的结果

C．算法中的每条指令都不能有二义性

D．算法中所描述的操作可以通过已经实现的基本操作执行有限次来完成

试题（11）分析

本题考查算法的基本概念。

计算机算法的鲁棒性是指算法对于合法输入和非法输入都能进行适当的处理。

算法能正确地处理给定的问题并给出正确的结果是指算法的正确性。

算法中的每条指令都不能有二义性是指算法的确定性。

算法中所描述的操作可以通过已经实现的基本操作执行有限次来完成是指算法的可行性。

参考答案

（11）A

试题（12）

嵌入式系统初始化过程主要包括三个环节：片级初始化、板级初始化和系统初始化。完成嵌入式微处理器的初始化属于__(12)__。

(12) A. 片级初始化　　　　　　　　B. 板级初始化
　　　C. 系统级初始化　　　　　　　D. 板级初始化和系统级初始化

试题（12）分析

本题考查嵌入式系统基础知识。

片级初始化的主要任务是完成嵌入式微处理器的初始化，包括设置嵌入式微处理器的核心寄存器和控制寄存器、嵌入式微处理器的核心工作模式和嵌入式微处理器的局部总线模式等。片级初始化把嵌入式微处理器从上电时的默认状态逐步设置成系统所要求的工作状态。这是一个纯硬件的初始化过程。

参考答案

（12）A

试题（13）

假设系统有 n（$n \geq 5$）个进程共享资源 R，且资源 R 的可用数为 5。若采用 PV 操作，则相应的信号量 S 的取值范围应为__(13)__。

(13) A. $-1 \sim n-1$　　　B. $-5 \sim 5$　　　C. $-(n-1) \sim 1$　　　D. $-(n-5) \sim 5$

试题（13）分析

本题考查操作系统进程管理的基础知识。

已知有 n 个进程共享资源 R，且资源 R 的可用数为 5，故信号量 S 的初值应设为 5。当第 1 个进程申请资源时，信号量 S 减 1，即 S=4；当第 2 个进程申请资源时，信号量 S 减 1，即 S=3；当第 3 个进程申请资源时，信号量 S 减 1，即 S=2；当第 4 个进程申请资源时，信号量 S 减 1，即 S=1；当第 5 个进程申请资源时，信号量 S 减 1，即 S=0；当第 6 个进程申请资源时，信号量 S 减 1，即 S=-1；……；当第 n 个进程申请资源时，信号量 S 减 1，即 S=-$(n-5)$。

经上分析，信号量的取值范围应在 $-(n-5) \sim 5$。

参考答案

（13）D

试题（14）

云计算有多种部署模型。当云按照服务方式提供给大众时，称为__(14)__。

(14) A. 公有云　　　B. 私有云　　　C. 社区云　　　D. 混合云

试题（14）

本题考查云计算的基本概念。

云计算常见的部署模式有公有云、私有云、社区云和混合云。对于公有云，云的基础设施一般是被云计算服务提供商所拥有，该组织将云计算服务销售给公众，公有云通常在远离客户建筑物的地方托管（一般为云计算服务提供商建立的数据中心），可实现灵活的扩展，提供一种降低客户风险和成本的方法。

对于私有云来说，云的基础设施是为某个客户单独使用而构建的，因而提供对数据、安全性和服务质量的最有效控制。私有云可部署在企业数据中心中，也可部署在一个主机托管场所，被一个单一的组织拥有或租用。

参考答案

(14) A

试题 (15)

确定各基本表的索引，属于数据库设计的 __(15)__ 阶段。

(15) A．需求分析　　　B．概念设计　　　C．逻辑设计　　　D．物理设计

试题 (15) 分析

本题考查对数据库应用系统设计的理解。

需求分析用于调查和整理企业数据需求和应用需求；概念设计用于描述企业应用中的实体及其联系；逻辑设计用于逻辑结构的设计，主要是关系模式的设计、视图设计、规范化等；物理设计实现对数据物理组织的描述，包括存取方式、索引设计、数据文件物理分布等。

参考答案

(15) D

试题 (16)

在数据库设计中，描述企业的各项业务流程和使用的数据通常采用 __(16)__ 。

(16) A．视图和 E-R 图　　　　　　　　B．DFD 图和数据字典
　　　C．关系模式和 UML 图　　　　　D．关系模式和 E-R 图

试题 (16) 分析

本题考查数据库设计的基础知识。

数据库设计一般分为需求分析、概念设计、逻辑设计和物理设计几个阶段。需求分析阶段给出数据流图（DFD 图）和数据字典，用于描述企业的各项业务流程和使用的数据；概念设计阶段用 E-R 图或 UML 图描述企业应用中的实体及其联系；逻辑设计是指设计关系模式及相关视图；物理设计是指设计数据的物理组织，如索引等。

参考答案

(16) B

试题 (17)

给定关系模式成绩排名（学生号，课程号，排名），若每一名学生每门课程有一定的排名，每门课程的每一排名只有一名学生，则以下叙述中错误的是 __(17)__ 。

(17) A．关系模式成绩排名属于 3NF
　　　B．关系模式成绩排名属于 BCNF
　　　C．只有（学生号，课程号）能作为候选键
　　　D．（学生号，课程号）和（课程号，排名）都可以作为候选键

试题 (17) 分析

本题考查数据库应用系统设计的基础知识。

根据题意"每一名学生每门课程有一定的排名，每门课程的每一排名只有一名学生"，则意味着（学生号，课程号）→排名。按照候选键定义：若关系中的某一属性或属性组的值能唯一地标识一个元组，则称该属性或属性组为候选键。

参考答案

（17）C

试题（18）

给定关系 $R(U,F)$，其中 $U=\{A,B,C,D,E,H\}$，$F=\{A\rightarrow B,B\rightarrow DH,A\rightarrow H,C\rightarrow E\}$。函数依赖集 F 中 __(18)__ 。

(18) A．不存在传递依赖，但存在冗余函数依赖

　　　B．既不存在传递依赖，也不存在冗余函数依赖

　　　C．存在传递依赖 $A\rightarrow D$，但不存在冗余函数依赖

　　　D．存在传递依赖 $A\rightarrow D$，并且还存在冗余函数依赖

试题（18）分析

本题考查关系数据库和关系代数运算的基础知识。

根据已知条件" $F=\{A\rightarrow B,B\rightarrow DH,A\rightarrow H,C\rightarrow E\}$ "和 Armstrong 公理系统的引理" $X\rightarrow A_1A_2\ldots A_k$ 成立的充分必要条件是 $X\rightarrow A_i$ 成立（$i=1,2,3\ldots k$）"，可以由" $B\rightarrow DH$ "得出" $B\rightarrow D$，$B\rightarrow H$ "。根据 Armstrong 公理系统的传递律规则"若 $X\rightarrow Y$，$Y\rightarrow Z$ 为 F 所蕴涵，则 $X\rightarrow Z$ 为 F 所蕴涵"，本题函数依赖" $A\rightarrow B$、$B\rightarrow D$、$B\rightarrow H$ "，可以得出存在传递依赖" $A\rightarrow D$、$A\rightarrow H$ "为 F 所蕴涵。由于 F 中有函数依赖 $A\rightarrow H$，故 $A\rightarrow H$ 为冗余函数依赖。

参考答案

（18）D

试题（19）

在数据库系统事务管理中，"事务的所有操作在数据库中要么全做要么全都不做"这一特性通常被称为事务的 __(19)__ 。

(19) A．原子性　　　B．一致性　　　C．隔离性　　　D．持久性

试题（19）分析

本题考查数据库事务处理的基础知识。

事务具有原子性（atomicity）、一致性（consistency）、隔离性（isolation）和持久性（durability）。这 4 个特性也称为事务的 ACID 性质。其中，事务的原子性是指事务的所有操作在数据库中要么全做要么全都不做。如银行转账中的两个操作必须作为一个单位来处理，不能只执行部分操作。

参考答案

（19）A

试题（20）、（21）

假设关系 R 和 S 分别如下图①和图②所示，那么关系代数表达式 $R\cap S$ 的结果集等于 __(20)__ ；$R\bowtie S$ 的结果集的属性列数和元组数分别为 __(21)__ 。

A	B	C
1	2	3
2	1	4
3	4	5
4	6	7

图① 关系 R

A	B	C
2	1	4
4	6	7
6	8	9

图② 关系 S

(20) A. {(1,2,3),(3,4,5)}   B. {(1,2,3),(2,1,4),(3,4,5)}
   C. {(2,1,4),(4,6,7)}   D. {(1,2,3),(3,4,5),(4,6,7)}

(21) A. 3和7   B. 6和7   C. 3和5   D. 3和2

试题（20）、（21）分析

本题考查关系代数的基础知识。

关系 R 与 S 的交由属于 R 同时又属于 S 的元组构成，关系 R 与 S 的交记作 $R \cap S$，其形式定义为 $R \cap S = \{t | t \in R \wedge t \in S\}$。

⋈是自然连接运算符，$R \bowtie S$ 是一种特殊的等值连接，它要求两个关系中进行比较的分量必须是相同的属性组，并且在结果集中将重复属性列去掉。自然连接后的结果如图③所示，从图中可见共有 3 个属性列，2 个元组。

A	B	C
2	1	4
4	6	7

图③ $R \bowtie S$

参考答案

（20）C   （21）D

试题（22）

银行系统采用分布式数据库系统，对本地储户的存储业务能够在本地正常进行，而不依赖于其他场地数据库，这属于分布式数据库系统的__（22）__特点。

（22）A. 共享性   B. 自治性   C. 可用性   D. 分布性

试题（22）分析

本题考查对分布式数据库基本概念的理解。

共享性是指各结点数据共享；自治性指每个结点对本地数据都能独立管理；可用性是指当某一场地故障时，系统可以使用其他场地上的副本而不至于使整个系统瘫痪；分布性是指数据在不同场地上的存储。

参考答案

（22）B

试题（23）

假设系统中有运行的事务，此时若要转储全部数据库，那么应采用__（23）__方式。

（23）A. 静态全局转储   B. 静态增量转储
   C. 动态全局转储   D. 动态增量转储

试题（23）分析

本题考查数据库转储的基础知识。

数据的转储分为静态转储和动态转储、海量转储和增量转储。

（1）静态转储和动态转储。静态转储是指在转储期间不允许对数据库进行任何存取、修改操作；动态转储是在转储期间允许对数据库进行存取、修改操作，故转储和用户事务可并发执行。

（2）海量转储和增量转储。海量转储是指每次转储全部数据；增量转储是指每次只转储上次转储后更新过的数据。

综上所述，假设系统中有运行的事务，若要转储全部数据库，那么应采用动态全局转储方式。

参考答案

（23）C

试题（24）

以下漏洞扫描检测技术中，___（24）___最适合 Web 信息系统的风险评估工作。

（24）A．基于应用的检测技术　　　　B．基于主机的检测技术
　　　 C．基于网络的检测技术　　　　D．基于目标的检测技术

试题（24）分析

本题考查漏洞扫描检测方面的基础知识。

漏洞扫描主要包括基于应用的检测技术、基于主机的检测技术、基于网络的检测技术和基于目标的检测技术。其中，基于网络的检测技术采用积极的、非破坏性的办法来检测系统是否有可能被攻击崩溃。它利用了一系列的脚本模拟对系统进行攻击的行为，然后对系统进行分析。基于网络的检测技术最适合 Web 信息系统的风险评估工作。其工作原理如下：

- 通过远程检测目标主机 TCP/IP 不同端口的服务，记录目标回答。
- 在获得目标主机 TCP/IP 端口和对其进行的网络访问服务的相关信息后，与网络漏洞扫描系统提供的漏洞库进行匹配。
- 如果满足匹配条件，视为存在漏洞，否则不存在漏洞。

在匹配原理上，漏洞扫描器采用的是基于规则的匹配技术。

参考答案

（24）C

试题（25）

M 公司网站向 CA 申请了数字证书，用户可通过 ___（25）___ 来验证网站的真伪。

（25）A．CA 的签名　　　　　　　　B．证书中的公钥
　　　 C．网站的私钥　　　　　　　D．用户的公钥

试题（25）分析

本题考查数字证书相关知识点。

数字证书是由权威机构——CA（Certificate Authority，证书授权）中心发行的，是能提供在 Internet 上进行身份验证的一种权威性电子文档，人们可以在互联网交往中用它证明自己的身份和识别对方的身份。

数字证书包含版本、序列号、签名算法标识符、签发人姓名、有效期、主体名、主体公

钥信息等，并附有 CA 的签名，用户获取网站的数字证书后通过验证 CA 的签名来确认数字证书的有效性，从而验证网站的真伪。

在用户与网站进行安全通信时，用户发送数据时使用网站的公钥（从数字证书中获得）加密，收到数据时使用网站的公钥验证网站的数字签名；网站利用自身的私钥对发送的消息签名和对收到的消息解密。

参考答案

（25）A

试题（26）

商标法保护的对象是___(26)___。

(26) A．商品　　　　B．商标　　　　C．注册商标　　　　D．已使用的商标

试题（26）分析

商标权是商标所有人依商标法对其商标所享有的专有使用权。在我国，商标权是指注册商标专用权。注册商标是指经国家主管机关核准注册而使用的商标，注册人享有专用权。未注册商标是指未经核准注册而自行使用的商标，商标使用人不享有法律赋予的商标专用权，不能得到商标法的保护，即不是商标法保护的对象。

参考答案

（26）C

试题（27）

程序员甲与同事乙在乙家探讨甲近期编写的程序，甲表示对该程序极不满意，说要弃之重写，并将程序手稿扔到乙家垃圾筒。后来乙将甲这一程序在原有逻辑步骤的基础上稍加修改，并署乙名发表。以下说法正确的是___(27)___。

(27) A．乙的行为侵犯了甲的软件著作权

　　　B．乙的行为没有侵犯甲的软件著作权，因为甲已将程序手稿丢弃

　　　C．乙的行为没有侵犯甲的软件著作权，因为乙已将程序修改

　　　D．甲没有发表该程序并弃之，而乙将程序修改后发表，故乙应享有软件著作权

试题（27）分析

本题考查知识产权中关于软件著作权方面的知识。

著作权因作品的完成而自动产生，不必履行任何形式的登记或注册手续，也不论其是否已经发表，所以甲对该软件作品享有著作权。乙未经甲的许可擅自使用甲的软件作品的行为，侵犯了甲的软件著作权。

参考答案

（27）A

试题（28）

按照 CCITT（国际电报电话咨询委员会，1993 年 3 月 1 日改组为国际电信联盟（ITU）电信标准化部门，简称 ITU-T）对计算机网络的定义，计算机网络涉及三个方面的问题，下面___(28)___选项内容不属于这三方面问题。

(28) A．至少两台计算机互联　　　　B．通信设备与线路介质

C．网络软件、通信协议和 NOS　　　D．系统运维和网络管理师

试题（28）分析

本题考查对计算机网络定义的理解。

计算机网络主要是计算机技术和信息技术相结合的产物，CCITT 认为计算机网络就是相互联接、彼此独立的计算机系统的集合。相互联接指的是两台或多台计算机通过信道互联，从而可以进行通信；彼此独立强调的是在网络中，计算机之间不存在明显的主从关系，即网络中的计算机不具备控制其他计算机的能力，每台计算机都具有独立的操作系统。

按照 CCITT 当初对计算机网络的定义，不涉及网络管理人员。

参考答案

（28）D

试题（29）

使用数字信号传输数据时，数字信号几乎要占有整个频带。终端设备把数字信号转换成脉冲信号时，这个原始的电信号所固有的频带，称为__(29)__。

（29）A．光谱频带　　　B．基本频带　　　C．电子频带　　　D．控制频带

试题（29）分析

本题考查数据通信的基本概念。

在数据通信系统中，使用数字信号传输数据时，数字信号几乎要占有整个频带。终端设备把数字信号转换成脉冲信号时，这个原始的电信号所固有的频带，称为基本频带，简称基带。在信道中直接传送基带信号时，称为基带传输。采用模拟信号传输数据时，往往只占有有限的频谱，将其称为频带传输，与基带传输相对应。

综上所述，可以看出这个原始的电信号所固有的频带被称为基本频带。

参考答案

（29）B

试题（30）

令牌环网是一种计算机局域网，在令牌环访问控制方式中，令牌也叫通行证，它具有特殊的格式和标记，令牌有__(30)__两种状态。

（30）A．"空（Empty）"和"满（Full）"
　　　B．"控制（Control）"和"释放（Free）"
　　　C．"忙（Busy）"和"空闲（Free）"
　　　D．"发送（Send）"和"接收（Receive）"

试题（30）分析

本题考查计算机网络的令牌环局域网的概念。

令牌环网是一种计算机局域网，令牌环是一种适用于环状网络的分布式访问控制方式，IEEE802 委员会将其作为局域网控制协议标准之一，即 IEEE802.5 标准。令牌也叫通行证，它具有特殊的格式和标记，令牌有"忙（Busy）"和"空闲（Free）"两种状态。具有广播特性的令牌环访问控制方式，还能使多个站点接收同一个信息帧，同时具有对发送站点自动应答的功能。

参考答案

(30) C

试题 (31)

常见的网络管理协议主要有两种,其中一种是 IETF 定义的 __(31)__ ,远程监控(RMON)是其扩展协议。

(31) A. 简单网络管理协议（SNMP）   B. 通用管理信息协议（CMIP）
       C. 报文分组交换协议（MSSP）   D. 复杂控制管理协议（CCMP）

试题 (31) 分析

本题考查对网络管理概念的理解。

随着计算机网络技术的发展,网络的规模不断扩大,复杂性不断增加,异构性越来越强。网络的管理变得非常重要。在网络管理中,常见的网络管理协议主要有两种,一种是 IETF 定义的简单网络管理协议（SNMP）,远程监控（RMON）是其扩展协议；另一种是由 ISO 定义的通用管理信息协议（CMIP）。

参考答案

(31) A

试题 (32)

在常见的信息安全技术中,最先受到人们重视的网络安全产品之一是 __(32)__ ,它是指设置在不同网络或者网络安全域之间的一系列部件的组合,以防止发生不可预测的、潜在的破坏性侵入。它不仅负责网络间的安全认证与传输,还能为各种网络应用提供相应的安全服务。

(32) A. 网络杀毒软件   B. 防火墙   C. 光交换机   D. 中继器

试题 (32) 分析

本题考查对网络安全中的防火墙技术及产品的理解。

网络安全按层次可分为物理安全、控制安全、服务安全及协议安全等。网络安全就其本质而言,实际上就是网络上的信息安全。在常见的信息安全技术中,防火墙是最先受到人们重视的网络安全产品之一,防火墙指设置在不同网络或者网络安全域之间的一系列部件的组合,以防止发生不可预测的、潜在的破坏性侵入。虽然从理论上讲,它处于网络安全的最底层,负责网络间的安全认证与传输,但随着网络安全技术的整体发展和网络应用的不断变化,现代防火墙技术已经逐步走向网络层之外的其他安全层次,不仅要完成传统防火墙的过滤任务,同时还能为各种网络应用提供相应的安全服务等。

参考答案

(32) B

试题 (33)

按照 ISO/OSI-RM 对网络体系结构的 7 层划分, __(33)__ 对源站点内部的数据结构进行编码,形成适合于传输的比特流,到了目的站再进行解码,转换成用户所要求的格式并保持数据的意义不变,主要用于数据格式转换。

(33) A. 物理层   B. 应用层   C. 表示层   D. 数据链路层

试题（33）分析

本题考查对计算机网络体系结构中的 ISO/OSI-RM 的理解。

ISO（International Organization for Standardization，国际标准化组织）的 OSI（Open System Interconnect，开放系统互连）参考模型（RM，Reference Model），是 ISO 组织在 1985 年研究的网络互连模型。该体系结构标准定义了网络互连的 7 层框架，分别是：物理层、数据链路层、网络层、传输层、会话层、表示层和应用层。这 7 层中，应用层是 OSI 模型中的最高层，是直接面向用户的一层，用户的通信内容要由应用进程解决，这就要求应用层采用不同的应用协议来解决不同类型的应用要求，并且保证这些不同类型的应用所采用的低层通信协议是一致的。应用层中包含了若干独立的用户通用服务协议模块，为网络用户之间的通信提供专用的程序服务。需要注意的是应用层并不是应用程序，而是为应用程序提供服务。表示层为在应用过程之间传送的信息提供表示方法的服务。表示层以下各层主要完成的是从源端到目的端可靠的数据传送，而表示层更关心的是所传送数据的语法和语义。表示层的主要功能是处理在两个通信系统中交换信息的表示方式，主要包括数据格式变化、数据加密与解密、数据压缩与解压等。数据链路层是在通信实体间建立数据链路联接，传输的基本单位为"帧"，并为网络层提供差错控制和流量控制服务。物理层是参考模型中的最底层，主要定义了系统的电气、机械、过程和功能标准。

参考答案

（33）C

试题（34）

采用 McCabe 度量法计算下列程序图的环路复杂性为__(34)__。

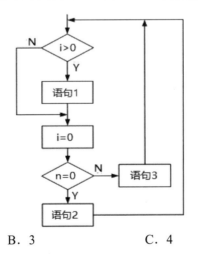

（34）A. 2　　　　　B. 3　　　　　C. 4　　　　　D. 5

试题（34）分析

本题考查使用 McCabe 度量法计算程序图的环路复杂性。

McCabe 度量法是一种基于程序控制流的复杂性度量方法。McCabe 复杂性度量又称环路度量，其计算公式为：$V(g)=m-n+2$，其中 m 和 n 分别代表图中的边数和顶点数。

根据 McCabe 度量法环路复杂性公式 $V(g)=m-n+2$，图中 $m=9$，$n=7$，$V(g)=9-7+2=4$。

参考答案

（34）C

试题（35）

（35）_____软件成本估算模型是一种静态单变量模型，用于对整个软件系统进行估算。

（35）A．Putnam　　　　　　　　B．基本 COCOMO
　　　C．中级 COCOMO　　　　　D．详细 COCOMO

试题（35）分析

本题考查软件成本估算模型的知识。

Putnam 模型是指 1987 年 Putnam 提出的一种具有实用价值的动态多变量软件成本进度模型。COCOMO 模型是由巴里·勃姆（Barry Boehm）提出的一种软件成本估算方法。COCOMO 模型可以分为三个层次：基本 COCOMO、中级 COCOMO、详细 COCOMO。其中基本 COCOMO 模型是一个静态单变量模型，它用一个已估算出来的原代码行数（LOC）为自变量的经验函数计算软件开发工作量。中级 COCOMO 模型在基本 COCOMO 模型的基础上，再用涉及产品、硬件、人员、项目等方面的影响因素调整工作量的估算。详细 COCOMO 模型包括中级 COCOMO 模型的所有特性，但更进一步考虑了软件工程中每一步骤（如分析、设计）的影响。

参考答案

（35）B

试题（36）

系统可维护性的评价指标不包括_____（36）_____。

（36）A．可理解性　　B．可测试性　　C．可移植性　　D．可修改性

试题（36）分析

本题考查系统可维护性的评价指标。

软件的可维护性是指维护人员理解、改正、改动和改进这个软件的难易程度，是软件开发阶段各个时期的关键目标，软件系统可维护性的评价指标包括可理解性、可测试性、可修改性。

参考答案

（36）C

试题（37）

某公司要开发一个软件产品，产品的部分需求是明确的，而另一些需求有待进一步细化。迫于市场竞争的压力，公司要求该软件产品尽快上市，那么开发该软件产品最不适合采用_____（37）_____模型。

（37）A．瀑布　　　　B．原型　　　　C．增量　　　　D．螺旋

试题（37）分析

本题考查常见软件开发模型的适用场景。

在瀑布模型中，软件生命周期划分为制订计划、需求分析、软件设计、程序编写、软件测试和运行维护等六个基本活动，软件开发的各项活动严格按照线性方式进行，当前活动接

受上一项活动的工作结果，实施完成所需的工作内容。当前活动的工作结果需要进行验证，如果验证通过，则该结果作为下一项活动的输入，继续进行下一项活动，否则返回修改。快速原型模型的第一步是建造一个快速原型，实现客户或未来的用户与系统的交互，或客户对原型进行评价，进一步细化待开发软件的需求。在增量模型中，软件被作为一系列的增量构件来设计、实现、集成和测试，每一个构件是由多种相互作用的模块所形成的提供特定功能的代码片段构成。螺旋模型将瀑布模型和快速原型模型结合起来，强调了其他模型所忽视的风险分析，特别适合于大型复杂的系统。

本题中部分需求没有明确，不能采用线性方式进行开发，不适合瀑布模型。

参考答案

（37）A

试题（38）

某工厂使用一个软件系统实现质检过程的自动化，并逐步替代人工质检。该系统属于__（38）__。

（38）A．面向作业处理的系统　　　　B．面向管理控制的系统
　　　　C．面向决策计划的系统　　　　D．面向数据汇总的系统

试题（38）分析

本题考查信息系统的类型。

面向作业处理的系统是实现处理过程自动化的系统，面向管理控制的系统是实现辅助管理、管理自动化的系统，面向决策计划的系统是为决策计划提供支撑的系统。

本题中质检自动化系统属于处理过程的自动化，应该是面向作业处理的系统。

参考答案

（38）A

试题（39）

以下关于信息系统层次结构的叙述中，不正确的是__（39）__。

（39）A．可以纵向分解为多层子系统
　　　　B．纵向的每层子系统又可以横向分为若干子系统
　　　　C．不同企业的层次划分是一样的
　　　　D．层次过多或过少都会带来管理问题

试题（39）分析

本题考查信息系统的层次结构。

信息系统层次结构是先将整个系统分为若干管理层次，然后在每个层次上建立若干功能子系统，把信息处理的各种功能有计划地分散到不同层次，并把它们有机地联系起来。层次划分不能太多也不能太少，不然都会带来管理问题。对不同企业来说，层次划分需要根据实际情况进行。

参考答案

（39）C

试题（40）

以下关于信息系统功能结构的叙述中，不正确的是　(40)　。

(40) A．信息系统包括信息的输入、处理和输出
B．信息系统需要支持整个组织在不同层次上的各种功能
C．信息系统的实现需要长期的努力
D．信息系统各功能之间基本没有信息联系

试题（40）分析

本题考查信息系统的功能结构。

信息系统包括信息的输入、处理和输出，信息系统应该支持整个组织在不同层次上的各种功能。各功能之间又有各种信息联系，由此它们构成了系统的功能结构。信息系统的实现需要长期的努力。

因此，信息系统各功能之间是需要信息联系的。

参考答案

(40) D

试题（41）

以下关于信息系统的叙述中，不正确的是　(41)　。

(41) A．信息系统的作用是支持组织的决策和控制
B．信息系统输入是数据，输出是信息
C．信息系统的输出需要服务于系统输入
D．信息系统可以由人工和计算机完成

试题（41）分析

本题考查信息系统的相关概念。

信息系统用收集、处理、存储、分发信息的相互关联的组件的集合，其作用在于支持组织的决策与控制。信息系统从概念上来看是由信息源、信息处理器、信息用户和信息管理者等4部分组成。信息系统的输入功能决定于系统所要达到的目的及系统的能力和信息环境的许可，且系统的输入需要服务于系统输出。

参考答案

(41) C

试题（42）

以下关于项目的叙述中，不正确的是　(42)　。

(42) A．项目有明确的目标　　　　B．项目有独特的性质
C．项目生命周期有限　　　　D．项目结果可逆

试题（42）分析

本题考查项目的定义和特点。

项目是为创建独特的产品、服务和成果而进行的临时性工作。项目具有明确的目标、独特的性质、有限的生命周期、实施的一次性、不确定性和风险性、结果的不可逆转性等特点。

参考答案

（42）D

试题（43）

以下关于信息系统项目的叙述中，不正确的是 （43） 。

（43）A．信息系统设计包括概要设计和详细设计两部分

B．信息系统质量要求主要由客户定义

C．信息系统开发过程中客户需求不断被进一步明确

D．信息系统项目是智力密集、劳动密集型项目

试题（43）分析

本题考查信息系统项目的概念。

信息系统的任务目标不精确、任务边界模糊，质量要求主要由项目团队定义。在信息系统项目的开发过程中，客户的需求不断被激发，从而导致项目进度、费用等计划的不断更改。信息系统项目是智力密集、劳动密集型项目，受人力资源影响最大。

参考答案

（43）B

试题（44）

以下不属于项目管理的是 （44） 。

（44）A．时间　　　　B．人力资源　　　　C．用例　　　　D．风险

试题（44）分析

本题考查项目管理的内容。

项目管理包括项目范围管理、时间管理、成本管理、质量管理、人力资源管理、沟通管理、风险管理、采购管理。用例不属于项目管理。

参考答案

（44）C

试题（45）

以下关于系统分析的叙述中，不正确的是 （45） 。

（45）A．主要任务是理解和表达用户对系统的应用需求

B．需要确定系统物理模型

C．要回答系统"做什么"

D．对系统分析缺乏重视，是导致延期甚至失败的重要原因

试题（45）分析

本题考查系统分析的相关概念。

系统分析的主要任务是理解和表达用户对系统的应用需求，系统分析阶段的基本任务：系统分析员和用户在一起，充分理解用户的要求，并把双方的理解用书面文档（系统说明书）表达出来。系统分析阶段确定的是逻辑模型。系统设计阶段根据系统分析阶段输出的逻辑模型确定新系统的物理模型。

参考答案

（45）B

试题（46）

以下选项中，__(46)__ 不属于数据流图。

(46) A．数据项　　　　B．外部实体　　　　C．数据流　　　　D．数据存储

试题（46）分析

本题考查数据流图的四要素。

数据流图，简称 DFD，它从数据传递和加工角度，以图形方式来表达系统的逻辑功能、数据在系统内部的逻辑流向和逻辑变换过程，是结构化系统分析方法的主要表达工具及用于表示软件模型的一种图示方法。数据流图的四要素包括数据流、外部实体、数据存储、数据处理。

参考答案

（46）A

试题（47）

以下选项中，__(47)__ 不属于 UML 事务。

(47) A．类　　　　B．用例　　　　C．函数　　　　D．交互

试题（47）分析

本题考查 UML 事务的内容。

UML 的四种事务包括结构事务、行为事务、组织事务和辅助事务。结构事务包括：类、接口、协作、用例、活动类、组件、节点；行为事务主要有交互和状态机；包是一种有组织的将一系列元素分组的机制，属于组织事务；辅助事务也称为注释事务，属于这一类的只有注释。

参考答案

（47）C

试题（48）

以下关于结构化模块设计工具的叙述中，不正确的是__(48)__。

(48) A．系统流程图表达了系统的数据流动过程
　　　B．HIPO 图是一种反映模块输入、处理和输出的图形化表格
　　　C．控制结构图有直接调用、条件调用和重复调用等三种基本调用方式
　　　D．模块结构图描述系统的模块结构和模块间的联系

试题（48）分析

本题考查结构化模块设计工具的相关概念。

系统流程图用图形化的符号来记录整个系统和系统各模块的结构，描述了系统各子系统、相关文件和数据之间的关系。HIPO 图由层次结构图和 IPO 图两部分构成，前者描述整个系统的设计结构以及各类模块之间的关系，后者描述某个特定模块内部的处理过程和输入/输出关系。控制结构图反映的是系统中模块的调用关系和层次关系。模块结构图描述系统的模块结构和模块间的联系。

参考答案

（48）A

试题（49）

以下不属于系统详细设计的是__（49）__。

（49）A．输入输出设计　　　　　　B．处理过程设计
　　　C．总体结构设计　　　　　　D．数据库设计

试题（49）分析

本题考查系统详细设计的内容。

根据工作性质和内容的不同，软件设计分为概要设计和详细设计。概要设计实现软件的总体设计、模块划分、用户界面设计、数据库设计等；详细设计则根据概要设计所做的模块划分，实现各模块的算法设计，实现用户界面设计、数据结构设计的细化等。

参考答案

（49）C

试题（50）

以下关于系统总体设计的叙述中，不正确的是__（50）__。

（50）A．系统总体设计包括总体布局设计和模块化结构设计
　　　B．总体设计也叫作详细设计
　　　C．总体设计成果决定系统整体特性
　　　D．模块化设计需要确定模块间的信息传递

试题（50）分析

本题考查系统总体设计的相关概念。

系统总体设计包括总体布局设计和模块化结构设计。总体设计是对全局问题的设计，也就是设计系统总的处理方案，又称概要设计。软件工程总体设计包括：计算机配置设计、系统模块结构设计、数据库和文件设计、代码设计以及系统可靠性与内部控制设计等内容。

参考答案

（50）B

试题（51）

以下关于系统实施方法的叙述中，不正确的是__（51）__。

（51）A．尽可能选择最新的软件产品
　　　B．选择基础软件时需考察功能、可扩充性、模块性和稳定性
　　　C．选择好的开发工具是快速开发且保证质量的前提
　　　D．要保证开发环境和工具符合应用系统的环境

试题（51）分析

本题考查系统实施方法的相关概念。

为了降低风险，项目实施过程中要尽可能选择成熟的基础软件或软件产品，以保证系统的高性能及高可靠性。选择基础软件时需考察功能、可扩充性、模块性和稳定性，选择好的开发工具是快速开发且保证质量的前提，要保证开发环境和工具符合应用系统的环境。

新的软件产品不一定是成熟的，选择时需要谨慎。

参考答案

（51）A

试题（52）

软件测试时，白盒测试不能发现__（52）__。

（52）A．代码路径中的错误　　　　　　　B．死循环
　　　C．逻辑错误　　　　　　　　　　　　D．功能错误

试题（52）分析

本题考查白盒测试和黑盒测试的相关概念。

白盒测试又称为结构测试，主要目的是发现软件程序编码过程中的错误。这种方法是把测试对象看作一个打开的盒子，它允许测试人员利用程序内部的逻辑结构及有关信息，设计或选择测试用例，对程序的所有逻辑路径进行测试，通过在不同点检查程序状态，确定实际状态是否与预期的状态一致。

软件的黑盒测试把测试对象看作一个黑盒子，测试人员完全不考虑程序内部的逻辑结构和内部特性，只依据程序的需求规格说明书，检查程序的功能是否符合它的功能说明。

参考答案

（51）D

试题（53）

某工厂已有一套 ERP 系统，但无法满足新的生产需求，因此又新引入了一套 ERP 系统，计划上线后替换掉现有系统，这种系统转换方式属于__（53）__。

（53）A．分段转换　　　　B．直接转换　　　　C．并行转换　　　　D．串行转换

试题（53）分析

本题考查系统转换方式的类型。

直接转换是指在确定新的管理信息系统运行准确无误时，在某一时刻终止现行系统，启用新的管理信息系统。并行转换是指新的管理信息系统和现行系统并行工作一段时间，在新的管理信息系统运行准确无误时，替代现行系统。分段转换是直接转换和并行转换的结合，分阶段将新的管理信息系统的各个子系统替代现行系统。

某工厂使用新 ERP 系统直接替换掉现有系统，属于直接转换。

参考答案

（53）B

试题（54）

IT 系统管理工作主要是__（54）__，并保证能够按照一定的服务级别，为业务部门（客户）高质量、低成本地提供 IT 服务。

（54）A．发现并记录事件发生的时间和地点
　　　B．追溯引发事件的用户
　　　C．优化 IT 部门的各类管理流程
　　　D．判断事件的类型及事件成功与否

试题（54）分析

本题考查对 IT 系统管理主要工作内容的理解。

IT 系统管理工作内容涉及许多方面，从基础设施、业务部门到运维等都在管理范畴之列。虽然管理工作内容庞杂，但就其主要的管理工作来看，主要还是优化 IT 部门的各类管理流程，以保证能够按照一定的服务级别，为业务部门（客户）高质量、低成本地提供 IT 服务。而发现并记录事件发生的时间和地点、追溯引发事件的用户、判断事件的类型及事件成功与否等都可归结到管理工作中的某个具体事件中去。

参考答案

（54）C

试题（55）

外包是一种合同协议。外包合同中的关键核心的文件是 __（55）__ 。

（55）A．技术等级协议（TLA）　　　　B．服务等级协议（SLA）
　　　　C．项目执行协议（PEA）　　　　D．企业管理协议（EMA）

试题（55）分析

本题考查对外包合同管理的理解。

外包是一种合同协议。外包成功的关键因素之一是选择具有良好社会形象和信誉、相关行业经验丰富、能够引领或紧跟信息技术发展的外包商作为战略伙伴。外包合同中的关键核心的文件是服务等级协议（Service Level Agreement，SLA），SLA 是评估外包服务质量的重要标准。而在外包合同管理中没有技术等级协议（TLA）、企业管理协议（EMA）及项目执行协议（PEA）的提法。

参考答案

（55）B

试题（56）

IT 服务计费管理是负责向使用 IT 服务的客户收取相应费用的流程，它是 IT 财务管理中的重要环节。为 IT 服务定价是计费管理的关键问题，常见的定价方法有多种，下列选项中的 __（56）__ 不在这些常见定价方法之列。

（56）A．合同均价定价法　　　　B．成本加成定价法
　　　　C．市场价格法　　　　　　D．固定价格法

试题（56）分析

本题考查对计费管理的理解。

IT 服务计费管理是负责向使用 IT 服务的客户收取相应费用的流程，它是 IT 财务管理中的重要环节，也是真正实现企业 IT 价值的透明化、提高 IT 投资效率的重要手段。为 IT 服务定价是计费管理的关键问题，其中涉及下列主要问题：确定定价目标、了解客户对服务的真实需求、准确确定服务的直接成本和间接成本、确定内部计费的交易秩序。常见的定价方法有：成本法、成本加成定价法、现行价格法、市场价格法、固定价格法等。没有合同均价定价法这样的定价方法。

参考答案

（56）A

试题（57）

在 IT 资源管理的配置管理中，其最基本的信息单元是__(57)__。

(57) A．配置文件（Configuration File）
　　　B．配置字节（Configuration Byte）
　　　C．配置项（Configuration Item）
　　　D．配置单元（Configuration Unit）

试题（57）分析

本题考查对 IT 资源管理中的配置管理概念的理解。

IT 资源管理可以为企业的 IT 系统管理提供支持，而 IT 资源管理能否满足要求在很大程度上取决于 IT 基础架构的配置及运行情况的信息，配置管理就是专门负责提供这方面信息的流程。配置管理中，最基本的信息单元是配置项（Configuration Item），所有软件、硬件和各种文档，如：变更请求、服务、服务器、环境、设备、网络设施、终端、应用系统、协议等都可以称为配置项。配置文件、配置字节、配置单元都不是配置管理中的最基本的信息单元。

综上所述，配置管理中的最基本的信息单元是配置项。

参考答案

（57）C

试题（58）

IT 资源管理中的软件管理涉及管理内容较多。下列选项中，__(58)__不属于软件管理范畴。

(58) A．软件构件管理　　　　　　　B．软件分发管理
　　　C．文档管理　　　　　　　　D．网络管理

试题（58）分析

本题考查对 IT 资源管理中的软件资源管理的正确理解。

IT 资源管理中的软件资源管理涉及软件生命周期和资源管理、软件构件管理、软件分发管理、文档管理等内容。而网络管理属于网络资源管理，不在软件资源管理之列。

参考答案

（58）D

试题（59）

一般而言，网络资源维护管理就是通过某种方式对网络资源进行调整，使网络能正常、高效地运行。通常，网络维护管理有五大功能，下列选项中，__(59)__不属于这五大功能。

(59) A．网络的失效管理　　　　　　B．网络的计费管理
　　　C．网络设备许可管理　　　　　D．网络的性能管理

试题（59）分析

本题考查对网络资源维护管理中的概念的理解。

IT 网络资源维护管理就是通过某种方式对网络资源进行调整，使网络能正常、高效地运行。通常，网络维护管理有五大功能，分别是网络的失效管理、网络的配置管理、网络的性能管理、网络的安全管理、网络的计费管理。这五大功能包括了保证一个网络系统正常运行的基本功能。网络设备许可管理不属于网络资源维护管理这个阶段的工作。

参考答案

（59）C

试题（60）

数据标准化是一种按照预定规程对共享数据实施规范化管理的过程。数据标准化的对象是数据元素和元数据。以下①～⑥中，__（60）__属于数据标准化主要包括的三个阶段。

①数据元素标准阶段　②元数据标准阶段　③业务建模阶段
④软件安装部署阶段　⑤数据规范化阶段　⑥文档规范化阶段

（60）A．①②③　　　　B．③⑤⑥　　　　C．④⑤⑥　　　　D．①③⑤

试题（60）分析

本题考查对数据管理中的公司级的数据管理的理解。

企业信息化的最终目标是实现各种不同业务信息系统间跨地域、跨行业、跨部门的信息共享和业务协同，而信息共享和业务协同则是建立在信息使用者和信息拥有者对共享数据的涵义、表示及标识有着相同的而无歧义的理解基础上，这就涉及数据标准化问题。数据标准化是一种按照预定规程对共享数据实施规范化管理的过程。数据标准化的对象是数据元素和元数据。数据标准化主要包括业务建模阶段、数据规范化阶段及文档规范化阶段等三个阶段。业务建模阶段是业务领域专家和业务建模专家按照业务流程要求，利用业务建模技术对现实业务需求、业务流程及业务信息进行抽象分析的过程；数据规范化阶段是针对数据元素进行提取、规范化及管理的过程；文档规范化阶段是数据规范化成果的实际应用的关键，是实现离散数据有效合成的重要途径。没有所谓的数据元素标准阶段、元数据标准阶段及软件安装部署阶段这样的提法。

参考答案

（60）B

试题（61）

在故障管理的范围中，对常见的故障分成三类，下面__（61）__不在这三类之列。

（61）A．硬件及外围设备故障　　　　B．应用系统故障
　　　C．非专业人员操作故障　　　　D．请求服务和操作故障

试题（61）分析

本题考查对故障管理中故障管理范围的理解。

在IT系统运营过程中出现的所有故障都可被纳入故障管理的范围，常见的故障有三大类，分别是：硬件及外围设备故障（包括主机宕机、设备无故报警、电力中断、网络瘫痪、打印机无法打印）；应用系统故障（包括服务不可用、无法登录、系统出现Bug）；请求服务和操作故障（包括忘记密码、未做来访登记）。这三大类划分中没有对运行系统是否由专业人员操作进行约定。

参考答案

(61) C

试题 (62)

当系统运行过程中发生故障，利用数据库后备副本和日志文件就可以将数据库恢复到故障前的某个一致性状态。数据库故障主要分为三大类，下面__(62)__不属于这三大类故障。

(62) A．事务故障　　　B．系统故障　　　C．模式故障　　　D．介质故障

试题 (62) 分析

本题考查对主要故障处理的正确理解。

在故障及问题管理中，主要故障处理包括主机故障恢复、数据库故障恢复和网络故障恢复。当系统运行过程中发生数据库故障时，利用数据库后备副本和日志文件就可以将数据库恢复到故障前的某个一致性状态。数据库故障主要分为三大类，即事务故障、系统故障、介质故障。数据库故障分类中不包括模式故障。

参考答案

(62) C

试题 (63)

在安全管理中，制定灾难恢复措施也是安全管理的重要内容。通常灾难恢复措施包括三方面内容，但不包括__(63)__。

(63) A．灾难预防制度　　　　　　B．灾难持久性判定
　　　C．灾难恢复　　　　　　　　D．灾难演习制度

试题 (63) 分析

本题考查对安全管理措施的正确认识及理解。

在安全管理中，制定灾难恢复措施也是安全管理的重要内容。通常灾难恢复措施包括三方面内容：(1) 灾难预防制度，做灾难恢复备份，自动备份系统的重要信息；(2) 灾难演习制度，每过一段时间进行一次灾难性演习，以熟练灾难恢复的过程；(3) 灾难恢复，使用最近一次的备份进行灾难恢复。这些措施中没有灾难持久性判定这样的操作。

参考答案

(63) B

试题 (64)

在安全管理中，技术安全是指通过技术方面的手段对系统进行安全保护，技术安全主要包括两个方面，即系统安全和__(64)__。

(64) A．数据安全　　　B．设备安全　　　C．网络安全　　　D．人员安全

试题 (64) 分析

本题考查对安全管理中的技术安全的理解。

在安全管理中，技术安全是指通过技术方面的手段对系统进行安全保护，使计算机系统具有很高的性能，能够容忍内部错误和抵挡外来攻击，技术安全措施为保障物理安全和管理安全提供技术支持，是整个安全系统的基础部分。技术安全主要包括两个方面，即系统安全和数据安全。在这种划分里，没有细化到设备安全、网络安全这样的层级，而人员安全不是

技术安全管理中考虑的问题。
参考答案
（64）A

试题（65）
系统性能评价包括许多综合性指标，既有定量的，也有定性的评价指标，这些都建立在对系统硬件和软件的众多具体性能指标的监视和评价基础之上。现在越来越多的分布式计算机系统运行在网络上，因此识别和设置这些性能评价指标时，除考虑计算机系统的主要性能指标外，还应该考虑__（65）__的性能指标。

（65）A．电源供电　　　　　　　　B．系统防病毒
　　　C．网络　　　　　　　　　　D．系统投资规模

试题（65）分析
本题考查对性能评价指标的识别和设置的认知及掌握。
系统性能评价包括许多综合性指标，既有定量的，也有定性的评价指标，这些都是建立在对系统硬件和软件的众多具体性能指标的监视和评价基础之上的，因此对性能评价项目进行识别和设置是进行性能评价的基础工作。现在越来越多的分布式计算机系统运行在网络上，因此在识别和设置这些性能评价指标时，除考虑计算机系统的主要性能指标外，主要还应该考虑网络的性能指标（包括网络发送、接收的数据量，带宽的利用情况等）。题目中电源供电和系统防病毒都不是系统网络这一层级的主要评价指标，当然系统投资规模也不属于系统性能评价指标。
参考答案
（65）C

试题（66）
利用不同基准测试程序对计算机系统进行测试，可能会得到不同的性能评价结果，对这些结果进行统计和比较分析，可以得到较为准确的接近实际的结果。其中，持续性能用三种平均值来表示，但不包括__（66）__。

（66）A．算术性能平均值 A_m　　　　B．几何性能平均值 G_m
　　　C．调和性能平均值 H_m　　　　D．奇偶性能平均值 O_m

试题（66）分析
本题考查对系统性能评价结果的统计与比较的理解。
利用不同基准测试程序对计算机系统进行测试可能会得到不同的性能评价结果，对这些结果进行统计和比较分析，可以得到较为准确的接近实际的结果。其中，持续性能就是用常用的三种平均值来表示的，这三种常用的平均值是算术性能平均值 A_m、几何性能平均值 G_m、调和性能平均值 H_m。没有奇偶性能平均值 O_m 这样的提法。
参考答案
（66）D

试题（67）
在系统能力管理中，能力数据库的数据构成了性能评价和能力管理报告的基础，这些报

告将会提交给技术和管理部门。能力数据库中输入的数据有多种数据类型，下面所列①～⑥中，__(67)__ 包含了能力数据库中输入的数据。

①业务数据　　　　②服务数据　　　　③技术数据
④服务和组件报告　⑤财务数据　　　　⑥资源应用数据

(67) A. ①②③⑥　　　B. ②④⑤⑥　　　C. ①②③⑤⑥　　　D. ①②③④⑤⑥

试题（67）分析

本题考查对 IT 系统能力管理中的设计和构建能力数据库的理解。

在系统能力管理中，能力数据库的数据构成了性能评价和能力管理报告的基础，这些报告将会提交给技术和管理部门。能力数据库中输入的数据有五种数据类型，它们是：①业务数据、②服务数据、③技术数据、④财务数据、⑤资源应用数据。而服务和组件报告是能力数据库的输出数据。

参考答案

(67) C

试题（68）

信息系统评价中，关于评价与系统决策的关系有三种类型。下列选项中，__(68)__ 不属于这三种类型。

(68) A. 决策者评价　　B. 决策前评价　　C. 决策中评价　　D. 决策后评价

试题（68）分析

本题考查对信息系统评价中的评价与决策关系的认知程度。

所谓系统评价，是指根据预定的系统目的，在系统调查和可行性研究的基础上，主要从技术和经济等方面就各种系统设计的方案所能满足需要的程度及消耗和占用的各种资源进行评审和选择，选择出技术上先进、经济上合理、实施上可行的最优或满意的方案。关于信息系统评价与系统决策的关系有三种类型，它们是：决策前评价、决策中评价、决策后评价。没有决策者评价这样的说法。

参考答案

(68) A

试题（69）

所谓的信息系统多指标综合评价是指对信息系统所进行的一种全方位的考核或判断。一般来说，信息系统多指标综合评价工作主要包括三方面内容。下列选项 __(69)__ 不属于这三方面内容。

(69) A. 综合评价指标体系及其评价标准的建立
　　　B. 确定由哪一方撰写综合评价报告
　　　C. 用定性或定量的方法（包括审计的方法）确定各指标的具体数值
　　　D. 各评价值的综合，包括综合算法和权重的确定、总评价值的计算等

试题（69）分析

本题考查对信息系统的综合评价的正确理解与掌握。

多指标综合评价的理论和方法的研究是一个正在发展的领域。所谓的信息系统多指标综

合评价是指对信息系统所进行的一种全方位的考核或判断。一般来说，信息系统多指标综合评价工作主要包括三方面内容：一是综合评价指标体系及其评价标准的建立，这是整个评价工作的前提；二是用定性或定量的方法（包括审计的方法）确定各指标的具体数值，即指标值；三是各评价值的综合，包括综合算法和权重的确定、总评价值的计算等。撰写综合评价报告不属于这三方面的主要工作。

参考答案

（69）B

试题（70）

系统运行质量评价是指从系统实际运行的角度对系统性能和建设质量等进行的分析、评估和审计。评价的工作内容包括这样一些活动：

① 给出评价结论；
② 根据评价的目标和目的设置评价指标体系；
③ 根据评价指标体系确定采用的评价方法；
④ 围绕确定的评价指标对系统进行评价。

正确的工作步骤是__（70）__。

（70）A. ①②③④　　B. ④①②③　　C. ②③④①　　D. ②①③④

试题（70）分析

本题考查对信息系统运行质量评价的工作过程的理解与掌握。

系统运行质量评价是指从系统实际运行的角度对系统性能和建设质量等进行的分析、评估和审计。评价的工作内容包括这样一些活动：先根据评价的目标和目的设置评价指标体系，对于不同的系统评价目的应该建立不同的评价指标体系；然后根据评价指标体系确定采用的评价方法；再围绕确定的评价指标对系统进行评价；最后给出评价结论。

参考答案

（70）C

试题（71）～（75）

As information systems are complex and multifaceted, failure (and success) can be manifested(表现，体现) in many ways. There are two important ways of looking at information systems that lead to different __（71）__ of considering their success or failure.

In the straightforward case, an information system can be considered as a project that is instigated, specified, designed and eventually implemented and maintained. It goes through a life cycle like the one described above. When big, high profile information system __（72）__ fail, they attract significant amounts of publicity, especially if they are in the public sector, and their consequences are often dramatic and far-reaching.

At another extreme, there are information systems that form sets of subsystems that work together to deliver an overall information system. The subsystems may be modified and updated, new items may be introduced and redundant ones removed. People may talk about this being a __（73）__ information system, and it may be criticized or deemed to be a __（74）__, but neither it nor its predecessors need ever have been designed as a complete whole. Evolved information systems may develop slowly over a long period of time, sometimes changing imperceptibly(极微小地) and sometimes being the subject of fairly major modifications. Such systems can fail catastrophically(灾难性地), but it is often the case that they __(75)__ become unable to cope with the demands placed upon them until, if not modified, they reach a point where they start to cause serious harm to the activities they were designed to support.

（71）A. complexities　　B. ways　　　　　C. considerations　　D. tools
（72）A. projects　　　　B. specifications　C. implementations　 D. maintenances
（73）A. good　　　　　B. single　　　　 C. success　　　　　D. failure
（74）A. success　　　　B. criticism　　　C. accomplishment　 D. failure
（75）A. normally　　　 B. generally　　　C. gradually　　　　D. mostly

参考译文

由于信息系统是复杂的且多方面的，因此失败（和成功）可以通过多种方式表现出来。有两种重要的方式来看待信息系统，导致不同方式来考虑系统的成功或失败。

在简单情况下，信息系统可以看作发起、分析、设计、最终实现和维护的项目。它经历如上所述的生命周期。当大型的、备受瞩目的信息系统项目失败时，会吸引大量的宣传，尤其是在公共部门，其后果通常是巨大而深远的。

另一种极端情况下，信息系统作为一组子系统协同工作以交付一个整体信息系统。可以修改和更新子系统，可以引入新项并删除多余项。人们可能会说这是一个单一的信息系统，它可能会受到批评或被认为是失败的，但是它或子系统都没有被设计成一个完整的整体。进化的信息系统可能会在很长一段时间内缓慢发展，有时会在不知不觉中发生变化，有时会进行相当大的修改。这样的系统可能会发生灾难性的失败，但是通常情况下，它们会逐渐无法满足要求，直到如果不加以修改，就会开始对其本该支持的活动造成严重损害。

参考答案

（71）B　　　（72）A　　　（73）B　　　（74）D　　　（75）C

第 8 章 2021 下半年信息系统管理工程师
下午试题分析与解答

试题一（共 15 分）

阅读下列说明，回答问题 1 至问题 3，将解答填入答题纸的对应栏内。

【说明】

某汽车维修公司为了便于对车辆的维修情况进行管理，拟开发一套汽车维修管理系统，请根据下述需求描述完成该系统的数据库设计。

【需求描述】

（1）客户信息包括：客户号、客户名、客户性质、折扣率、联系人、联系电话。客户性质有个人或单位。客户号唯一标识客户关系中的每一个元组。

（2）车辆信息包括：车牌号、客户号、车型、颜色和车辆类别。一个客户至少有一辆车，每辆车只对应一个客户。例如：车牌号为陕XXX002，车型为大众Polo，颜色为银灰色，车辆类别为小型车，该车属于1006（客户号）客户。

（3）员工信息包括：员工号、员工名、部门号、岗位、电话、家庭住址。其中，员工号唯一标识员工关系中的每一个元组。岗位有业务员、维修工、主管。业务员根据车辆的故障情况，与客户磋商后填写维修单。

（4）部门信息包括：部门号、名称、主管和电话。其中，部门号唯一确定部门关系的每一个元组。每个部门只有一名主管，但每个部门有多名员工，每名员工只属于一个部门。

（5）维修单信息包括：维修单号、车牌号、维修内容、工时、维修员工号。维修单号唯一标识维修单关系中的每一个元组。一个维修工可接多张维修单，但一张维修单只对应一个维修工。

【概念模型设计】

根据需求阶段收集的信息，设计的实体联系图（不完整）如图 1-1 所示。

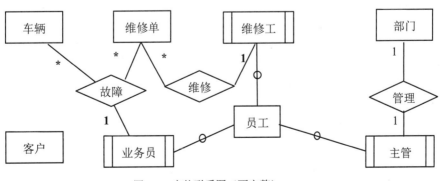

图 1-1 实体联系图（不完整）

【逻辑结构设计】
根据概念模型设计阶段完成的实体联系图，得出如下关系模式（不完整）：
客户（客户号，客户名，__(a)__，折扣率，联系人，联系电话）
车辆（车牌号，__(b)__，车型，颜色，车辆类别）
员工（员工号，员工名，岗位，__(c)__，电话，家庭住址）
部门（部门号，名称，主管，电话）
维修单（维修单号，__(d)__，维修内容，工时，维修员工号）

【问题1】（6分）
根据需求描述，图1-1实体联系图中缺少两个联系。请在答题纸对应的实体联系图中补充这两个联系及联系类型，其中联系名可取联系1、联系2。

【问题2】（6分）
（1）根据题意，将关系模式中的空（a）～（d）的属性补充完整，并填入答题纸对应的位置上。
（2）维修单关系的主键为__(e)__，外键为__(f)__。

【问题3】（3分）
如果一张维修单涉及多项维修内容，需要多个维修工来处理，那么维修联系类型会改变吗？你认为应该如何解决这一问题？

试题一分析
本题考查数据库系统中实体联系模型（E-R模型）和关系模式设计方面的基础知识。

【问题1】
根据【需求描述】（2）中的"一个客户至少有一辆车，每辆车只对应一个客户"可知，在客户和车辆之间缺少一个"拥有"联系，联系类型为1:*（一对多）。

根据【需求描述】（4）中的"每个部门有多名员工，每名员工只属于一个部门"可知，在员工和部门之间缺少一个"所属"联系，联系类型为*:1（多对一）。

根据上述分析，补充图1-1后的实体联系图如图1-2所示。

【问题2】
根据【需求描述】（1）中的"客户信息包括：客户号、客户名、客户性质、折扣率、联系人、联系电话"可知，客户关系模式中缺少"客户性质"属性，故空（a）为客户性质。

根据【问题1】的分析可知，客户和车辆之间的"拥有"联系类型是1:*的，故"拥有"联系不需要建立一个独立的关系模式，但需要将1端的码"客户号"并入*端，故空（b）为客户号。

根据【需求描述】（3）中的"员工信息包括：员工号、员工名、部门号、岗位、电话、家庭住址"可知，员工关系模式中缺少"部门号"属性，故空（c）为部门号。

根据【需求描述】（5）中的"维修单信息包括：维修单号、车牌号、维修内容、工时、维修员工号"可知，维修单关系模式中缺少"车牌号"属性，故空（d）为车牌号。

根据【需求描述】（5）中的"维修单号唯一标识维修单关系中的每一个元组"可知，"维修单号"是维修单关系的主键，故空（e）为维修单号。

根据【需求描述】(1)中的"客户号唯一标识客户关系中的每一个元组"可知,"客户号"是客户关系的主键,故"客户号"是维修单关系的外键。根据【需求描述】(3)中的"员工号唯一标识员工关系中的每一个元组"可知,"员工号"是员工关系的主键,又由于"维修员工号"需参照员工关系的"员工号",故"维修员工号"是维修单关系的外键。经分析可知,空(f)为客户号、维修员工号。

【问题3】

E-R图中两个实体之间的联系有三种:一对一联系(1:1)、一对多联系(1:*)和多对多联系(*:*)。其中,多对多联系的转换方法为:多对多联系只能转换成一个独立的关系模式,关系模式的名称取联系的名称,关系模式的属性取该联系所关联的两个多方实体的码及联系的属性,关系的码是多方实体的码构成的属性组。

根据题干中所述"如果一张维修单涉及多项维修内容,需要多个维修工来处理",那么维修工和维修单之间的维修联系类型为多对多(*:*),需要增加一个维修关系模式来解决这一问题。

试题一参考答案

【问题1】

补充的两个联系及联系类型如图1-2中虚线所示。

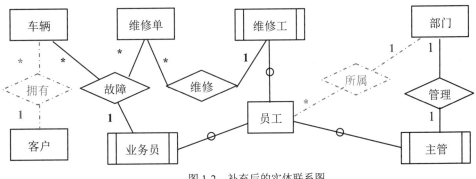

图1-2 补充后的实体联系图

【问题2】

(1)(a)客户性质

(b)客户号

(c)部门号

(d)车牌号

(2)(e)维修单号

(f)客户号、维修员工号

【问题3】

会改变,维修联系的类型变为多对多(*:*)。

根据实体联系图中*:*联系的转换规则,将维修联系转换为独立的关系模式。

试题二（共 15 分）

阅读以下说明，回答问题 1 至问题 3，将解答填入答题纸的对应栏内。

【说明】

某企业为了便于组织管理，拟在人力资源管理系统平台上增加目标考核管理子系统。目的是帮助企业管理者通过有效组织管理，将员工绩效与薪资挂钩，充分调动员工的积极性，创造价值链利润。经过招标，M 公司中标，由 M 公司李工担任项目主管。

【需求分析】

经过需求调研，项目组认为目标考核管理子系统可由五个部分组成：后台管理、任务管理、督办事务管理、综合统计及信息发布。

（1）后台管理模块。该模块的功能是对企业各级机构和人员信息、部门信息、考核指标以及角色权限进行管理。权限分为：管理员、一般人员和审核人员，实行"三员"分立。

（2）任务管理模块。根据年初上级制定并下发一定分值的若干工作任务，包括从任务创建→任务审核下发→任务执行→完成任务评定等一系列管理工作。

（3）督办事务管理。根据本年度各级机构和人员所承担的任务，创建督办事务并下发、对下发的督办事务进行抽样检查、上报抽样检查结果、问题督促整改等管理工作。

（4）综合统计模块。该模块主要分为：统计与查询、年终排名通报。

- 统计与查询。系统根据角色进行相关的统计与查询，例如：一般人员可对所承担的任务进度及完成情况进行统计与查询，部门管理员可对任务完成得分及排名情况进行统计与查询。

- 年终排名通报。企业管理员可根据年终考评结果调整分值，给出年终排名通报。

（5）信息发布模块。采用短信提醒对任务执行人进行短信提醒与催办，以及部门或个人的通知信息发布。

【问题 1】（8 分）

根据需求分析的结果，请将表 2-1 中序号为 1~16 的功能模块区分出来，分别归入后台管理、任务管理、督办事务管理、综合统计及信息发布模块中，并填入答题纸对应的位置上。

（1）后台管理包含的功能：＿＿＿＿＿＿＿＿＿＿＿＿＿＿＿＿＿＿＿＿＿＿。
（2）任务管理包含的功能：＿＿＿＿＿＿＿＿＿＿＿＿＿＿＿＿＿＿＿＿＿＿。
（3）督办事务管理包含的功能：＿＿＿＿＿＿＿＿＿＿＿＿＿＿＿＿＿＿。
（4）综合统计包含的功能：＿＿＿＿＿＿＿＿＿＿＿＿＿＿＿＿＿＿＿＿。
（5）信息发布包含的功能：＿＿＿＿＿＿＿＿＿＿＿＿＿＿＿＿＿＿＿＿。

表 2-1 目标责任考核管理

序号	功能	序号	功能
1	任务创建	4	机构和人员信息管理
2	短信提醒与催办	5	督办事务抽样检查
3	任务审核并下发	6	角色权限管理

续表

序号	功能	序号	功能
7	任务执行	12	部门信息管理
8	创建督办事务并下发	13	考核指标管理
9	通知信息发布	14	统计与查询
10	完成任务评定	15	问题督促整改
11	上报抽样检查结果	16	年终排名通报

【问题 2】(3 分)

经过项目组研讨，提出可采用 C/S 和 B/S 两种系统设计模式。李工从以下 3 个方面对 C/S 和 B/S 模式的特点进行比较。请根据系统设计模式特点选择 C/S 或 B/S，填入答题纸对应的空（a）～（f）中。

比较指标	系统设计模式特点	判断左侧栏目的特点宜采用 C/S 或 B/S
1.用户接口	大多建立在 Windows 平台上，表现方式有限，对程序员要求高	(a)
	建立在浏览器上，有丰富和生动的表现方式与用户交流，开发成本低	(b)
2.系统维护	易升级，系统维护开销小	(c)
	升级难，系统维护开销大	(d)
3.处理问题	面向不同的用户群，地域分散	(e)
	用户面固定，通常在相同区域	(f)

【问题 3】(4 分)

（1）什么是基于角色的访问控制（Role-Based Access Control，RBAC）？

（2）信息系统采用 RBAC 有哪些优点？

试题二分析

【问题 1】

目标考核管理子系统可由五个部分组成：后台管理、任务管理、督办事务管理、综合统计及信息发布。

（1）后台管理模块。该模块的功能是对企业各级机构和人员信息、考核指标以及各级管理员的身份和角色权限进行管理。

（2）任务管理模块。根据年初上级制定并下发一定分值的若干工作任务，包括从任务创建→任务审核下发→任务执行→完成任务并依据考核指标进行评定的一系列过程。

（3）督办事务管理。根据本年度各级机构和人员所承担的任务，创建督办事务并下发，根据下发的督办事务进行抽样检查，上报检查结果，若存在问题，则督促相关机构和人员进行整改。

（4）综合统计模块。用户对未完成和已完成工作任务的查询、各单位任务完成得分查询以及得分排名、年终企业根据考评结果调整分值给出排名通报等功能。

（5）信息发布模块。采用短信提醒对任务执行人进行短信提醒、催办，以及部门或个人的通知信息发布。

【问题2】

1. 用户接口不同。C/S 大多建立在 Windows 平台上，表现方式有限，对程序员要求高。B/S 建立在浏览器上，有丰富和生动的表现方式与用户交流，开发成本低。

2. 系统维护不同。C/S 程序由于整体性，必须整体考察，处理出现的问题以及系统升级难，维护难，甚至是要再做一个新系统。B/S 由构件组成，方便构件个别更换，实现系统无缝升级，使系统维护开销减小，用户从网上下载自己安装即可。

3. 处理问题不同。C/S 程序处理用户面固定，并且在相同的区域，安全要求高，需求与操作系统相关。B/S 建立在广域网上，面向不同的用户群，地域分散，这通常是 C/S 无法做到的。B/S 与操作系统平台关系最小。

【问题3】

用户、角色和权限之间的关系是用户依赖于角色，角色依赖于权限。权限有四个属性：查询、增加、删除、修改。角色不仅依赖于权限，还依赖于目标（数据源），简单理解是这个角色可以访问哪些数据源。

试题二参考答案

【问题1】

（1）机构和人员信息管理　角色权限管理　部门信息管理　考核指标管理
　　　或 4，6，12，13
（2）任务创建　任务审核并下发　任务执行　完成任务评定
　　　或 1，3，7，10
（3）督办事务抽样检查　创建督办事务并下发　上报抽样检查结果　问题督促整改
　　　或 5，8，11，15
（4）统计与查询　年终排名通报　　　　　或 14，16
（5）短信提醒与催办　通知信息发布　　　或 2，9

【问题2】

（a）C/S
（b）B/S
（c）B/S
（d）C/S
（e）B/S
（f）C/S

【问题3】

（1）RBAC 是面向企业安全策略的一种有效的访问控制方式。

（2）无需对新增人员进行分配权限的操作，只需对该人员分配角色即可；简化人员的权限管理，角色的权限变更比人员的权限变更工作量小。

试题三（共 15 分）

阅读以下说明，回答问题 1 至问题 3，将解答填入答题纸的对应栏内。

【说明】

某高校校园网 2020 年 X 月份运维报告分为四个部分，报告模板摘要如下所示。

> 一、本月重大事件
>
> 综述高校网络管理部门本月完成的主要工作内容以及成果（绩效改进等）、本月运维工作中发现的重大安全风险及处置情况等内容。
>
> 二、核心业务系统运行情况
>
> 核心业务系统包括站群系统、OA 系统、一站式服务平台、学工系统等内容。该部分主要对以上各系统中断情况、核心业务使用情况、重点业务的推广情况通过图表数据详细展示说明。
>
> 三、本月份校园网运行情况
>
> 首先对校区范围网络、楼层范围网络以及电脑维护运维标准进行了说明，其次是对上述三个方面的故障及维护情况做了统计分析。
>
> 四、校园网出口带宽利用情况
>
> 对校园网的出口宽带的流量监测情况（采样间隔 1 个小时），用图表进行了展示说明。

请结合系统管理的相关知识回答下列问题。

【问题 1】（7 分）

（1）简要说明网络管理部门撰写该报告的作用。

（2）简要说明该报告中的故障处理应该包括哪些内容。

【问题 2】（4 分）

（1）简要说明站群系统的作用。

（2）简要说明一站式服务平台中的"一站式"含义。

【问题 3】（4 分）

简要说明对校园网出口带宽流量监测的目的。

试题三分析

本题考查信息系统管理的知识及应用。在信息系统的运维过程中会产生一系列的针对系统的关键操作、非正常操作、故障、性能监控、安全审计等信息。信息管理部门应该实时或者随后形成系统运维报告，及时分析以改进信息系统的管理水平。

系统运维报告通常包括系统日常操作日志、性能/能力规划报告、故障管理报告、安全审计日志等内容。针对不同企业或单位，信息系统运行报告的内容侧重点略有不同。

【问题 1】

（1）本问题考查高校信息化运维的相关知识，因此该系统运维报告应该围绕高校信息化业务特点进行编撰。报告涵盖了高校信息化的各个应用，解决各种应用中存在的急需解决的问题，对高校信息化状况进行了阶段性的评价。

(2) 信息系统的故障处理通常包括事故出现的次数、受影响的客户数、解决事故所需的时间和成本等要素，对反复发生的问题进行原因分析和提出改进。具体的内容应该包括故障归类（比如软件、硬件等）、确定故障对业务的影响程度、故障解决的优先级别以及解决故障采取的流程和处理方法等内容。

【问题2】

(1) 站群系统需要通过专业的站群软件来实现，通过统一的建站平台、统一的账号配置方式和资源调度来建立多个子网站。在高校中应用最普遍的就是在一套建站系统下，各个二级业务单位（学院、部门等）建立自己的网站。

(2) "一站式"这个概念来源于销售服务，客户通过一个服务站点可以解决所有的采购需求，没有必要再找第二家服务站点进行二次采购。

在信息化系统中借用"一站式"这个概念，表达的是用户进行一次登录就可以访问高校中所有的信息化子系统，实现信息资源的访问或者办理相关业务这样一种场景。

【问题3】

对校园网的出口流量的监测得到的是一系列的进出校园网的数据流。数据流的产生反映的是校园内用户上网的周期性变化。

通过数据流的周期性变化可以了解用户的上网需求是否得到满足，比如数据流是否长时间接近或达到出口带宽最大值，当出现这种情况，可能出现用户上网不畅的状况；数据流是否出现异常变化，比如在用户非上网高峰时段数据流突然较大增加，有可能这种数据流的异常变化来源于网络攻击等。

试题三参考答案

【问题1】

(1) 系统运维报告是评价整个校园网运行状态和校园网运行绩效改进的基础。

(2) 故障处理包括数据的记录及归类、故障的影响程度及紧急程度确定、解决故障的先后顺序、解决故障的流程等内容。

【问题2】

(1) 站群通常指的是高校各部门的统一建站平台，各个部门通过一套系统建立各自的网站。

(2) "一站式"指的是通过统一的接入或者认证实现用户对多个业务系统的访问。

【问题3】

校园网出口流量的变化趋势：可以查看用户的上网需求的变化，可以发现网络的安全隐患（如网络病毒及网络攻击）。

试题四（共15分）

阅读以下说明，回答问题1至问题3，将解答填入答题纸的对应栏内。

【说明】

设施与设备管理是企业IT资源管理的一个重要的组成部分，与信息化软硬件、网络以及数据等资源管理处于同等重要的地位。从事信息化管理工作时，掌握必要的设施与设备管理技术是信息化安全运行的前提条件。

设施与设备管理包括电源设备管理、空调设备管理、通信应急设备管理、楼宇管理、防护设备管理及信息安全措施标准等诸多技术管理。请从企业机房建设与管理的角度回答下列设施与设备管理的相关问题。

【问题1】（5分）
企业机房设备的用电设计应注意哪些方面的问题？

【问题2】（6分）
企业局域网进行结构化布线包括哪六个子系统？

【问题3】（4分）
企业机房建设时应该考虑的防护设施包括哪些？

试题四分析

本题考查设施与设备管理的相关知识及应用。设施与设备的管理对信息系统的安全运行有着至关重要的保障作用，要求考生对设施与设备的建设、运行以及管理维护有一定的工作经验。同时，本题围绕着《建筑与建筑群综合布线系统工程验收规范》《计算机场地安全要求》《计算机场地技术要求》等文件展开，因此也要求考生对相关的文件与规范有一定的了解。

【问题1】

供电保障是信息系统正常运行的必要和前提条件，因此企业机房的用电设计是机房建设的重要环节。在用电设计时，通常要考虑的因素有以下几个方面：

（1）机房供电要考虑到外部供电中断对设备运行产生的影响，当外部供电中断后，要有必要的时间进行设备的关停，因此要配备不间断电源，避免系统崩溃或数据丢失。

（2）在设备运行期间，防止人身遭受电击、设备和线路遭受损坏、预防火灾和防止雷击、防止静电损害，需要对机房安装专用接地线路。

（3）在进行机房布线时，要考虑线路的电磁干扰对数据传输的影响，在布线时应该按照规范将供电线路与数据传输线路分开布设。

（4）供电量与机房用电量的相互关系，机房设备的总用电量要小于机房的供电量，并且要考虑机房设备今后的扩充，要保证有一定的余量。

（5）在电源使用或进行线路布设时，应针对不同安全等级的机房采用相对应的国家标准或者行业规范。

【问题2】

企业局域网进行结构化布线在《建筑与建筑群综合布线系统工程验收规范》《计算机场地安全要求》《计算机场地技术要求》等文件中都有明确的要求。结构化布线系统由6个子系统构成。

（1）工作区子系统。用户设备与信息插座之间的连接线缆及部件。

（2）水平子系统。楼层平面范围的信息传输介质（双绞线、同轴电缆、光缆等）。

（3）主干子系统（垂直子系统）。从主配线间至楼层配线间的电缆。

（4）设备间子系统。安装在设备间的布线系统，由连接各种设备的线缆与适配器组成。

（5）建筑群子系统。连接分散的建筑物之间的信息传输介质。

（6）管理子系统。由交连、互连配线架组成，为连接其他子系统提供连接手段。

【问题3】
在采用相应的安全防护时要根据机房的安全等级进行安全防护的建设，不能人为地提高或者降低防护标准。

在机房建设时，对信息化设备的安全防护主要有防火、防雷击、防水淹、防盗、防噪音、防辐射等方面的设施。

试题四参考答案
【问题1】
①机房设备用电设计应有应急电源设备或不间断电源；
②计算机设备接地应采用专用地线；
③计算机各设备走线应避免与空调、网络线路产生干扰；
④设置可靠的供电线路，供电量应具有一定的余量；
⑤电源的使用和安装均应符合相关的国家标准。

【问题2】
①工作区子系统；
②水平子系统；
③主干子系统（或垂直子系统）；
④设备间子系统；
⑤建筑群子系统；
⑥管理子系统。

【问题3】
①防火设施　　　　②防雷设施　　　　③防水设施
④防盗或安全设施　⑤隔音设施　　　　⑥防辐射设施

试题五（共15分）
阅读以下说明，回答问题1至问题3，将解答填入答题纸的对应栏内。

【说明】
技术人员在 IT 服务的过程中，经常会遇到诸如网络故障或者产品缺陷等问题。此时技术人员要做的是将问题进行控制，分析问题产生的原因，在必要时将问题升级为已知错误。在此基础上，技术人员需要进行错误控制。通过变更请求确保已知错误被完全消除，避免再次发生故障，通常这样的过程在 IT 服务中有一定的流程。

请结合所学故障及问题管理的相关知识解答下列问题。

【问题1】（6分）
在问题控制步骤选项 A~F 中，选择合适的填入图 5-1 所示的（1）~（6）中。

问题控制步骤选项：
A．调查与分析　　　　　　　　D．问题管理数据库
B．错误控制　　　　　　　　　E．跟踪和监督
C．归类　　　　　　　　　　　F．发现和记录

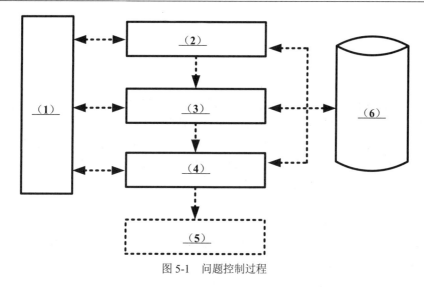

图 5-1 问题控制过程

【问题 2】（4 分）
若技术人员要在故障发生前解决相关问题，那么技术员应该怎么做？

【问题 3】（5 分）
通常技术人员会将问题管理报告提供给业务部门和 IT 部门作为决策依据，具体来说应该包括哪些方面的内容。

试题五分析

本题考查问题的基本概念和处理控制过程。

问题是存在的某个未知的潜在故障原因的一种情况，这种原因会导致一起和多起故障。问题经常是分析多个呈现相同症状的故障后被发现的。

问题的管理和控制的目的主要体现在以下三点。

（1）将由 IT 基础架构中的错误引起的故障和问题对业务的影响降到最低程度。

（2）找出出现故障和问题的根本原因，防止再次发生与这些错误有关的故障。

（3）实施问题预防，在故障发生之前发现和解决有关问题。

【问题 1】

（1）在 IT 服务中，问题的出现是不可避免的。原则上所有原因未知的故障都可以称为问题。但是通常将重复发生和非常严重的故障归类为问题。当发现问题后即开始问题控制管理流程。

（2）在查明和记录问题后，为便于评价问题对服务级别的影响，确定查找和恢复有故障的配置项所需的人力和资源，可先对问题进行归类。

（3）调查问题的目的是发现故障的潜在原因。

（4）一旦确定问题产生的根本原因，问题就将转变为一项错误。

因此在回答本题时，首先应当将（1）～（4）的步骤当成是问题控制的一个递进的过程，在这个过程中跟踪和监督问题会不断地促进问题的解决，同时在控制问题的过程中更新问题管理数据库。

【问题2】
　　技术人员在故障发生前解决相关问题,也就是对问题进行预防管理。问题预防主要包括两项活动,即趋势分析和制定预防措施。

　　趋势分析是为了能主动采取措施提高服务质量,通过趋势分析便于发现和消除存在于IT架构中的故障,也可以探明哪些问题是必须重点关注的。

　　在确定重点关注的问题之后,就可以采取适当的措施预防故障的发生。这些措施包括提交变更申请;提交相关测试、规程、培训和文档的反馈信息;进行客户培训;督促问题管理和故障管理的规程的遵守;改进相关流程和程序等内容。

【问题3】
　　问题管理流程应定期或不定期地将有关问题、已知错误和变更请求等方面信息形成管理报告。管理报告中应说明调查、分析和解决问题和已知错误所消耗的资源和取得的进展。具体来说包括以下几个方面:

　　(1) 事件报告。支持小组花费与问题同质、错误控制和问题相关的时间。

　　(2) 产品质量。根据故障、问题和已知错误信息发现经常受错误影响的产品,确认相关产品是否符合要求。

　　(3) 管理效果。说明问题解决前后故障数量、变更请求数量和解决已知错误的数量。

　　(4) 常规问题管理与问题预防之间的关系。积极预防是否更能体现出问题管理的成熟性。

　　(5) 问题状态和行动计划。说明已对问题采取了何种行动,付出的时间和资源。

　　(6) 改进问题管理的意见和建议。根据上面的信息,判断问题管理流程是否达到服务质量计划目标。

试题五参考答案

【问题1】
　　(1) E　　(2) F　　(3) C
　　(4) A　　(5) B　　(6) D

【问题2】
　　趋势分析
　　制定预防措施

【问题3】
　　①事件报告
　　②产品质量
　　③管理效果
　　④常规问题管理与问题预防之间的关系
　　⑤问题状态和行动计划
　　⑥改进问题管理的意见和建议

第9章 2022下半年信息系统管理工程师上午试题分析与解答

试题（1）

计算机系统的软件可以按照层次结构划分，参照下图中三类人员的工作方式，可知图中的 a、b 和 c 对应表示为　（1）　。

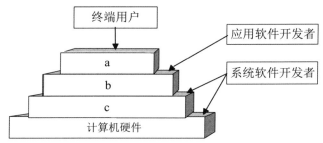

（1）A．操作系统、其他系统软件和应用软件
　　B．其他系统软件、应用软件和操作系统
　　C．应用软件、其他系统软件和操作系统
　　D．应用软件、操作系统和其他系统软件

试题（1）分析

本题考查计算机系统基础知识。

在计算机系统中，应用软件由终端用户使用，因此 a 表示应用软件。操作系统软件是计算机系统软硬件资源的管理者，因此 c 表示操作系统软件。其他系统软件通常还需使用操作系统提供的功能，因此 b 表示其他系统软件。

参考答案

（1）C

试题（2）

在计算机处理器的指令系统中，程序控制类指令的功能是　（2）　。

（2）A．执行算术运算和逻辑运算
　　B．改变程序指令执行的顺序
　　C．完成 CPU 和 I/O 设备之间的数据传送
　　D．进行主存和 CPU 之间的数据传送

试题（2）分析

本题考查计算机系统基础知识。

指令系统是计算机硬件的语言系统，也称为机器语言，指机器所具有的全部指令的集合，

它是软件和硬件的主要界面，反映了计算机所拥有的基本功能。

不同计算机的指令系统包含的指令种类和数目也不同。按功能划分为以下种类：

①数据处理指令：包括算术运算指令、逻辑运算指令、移位指令、比较指令等。

②数据传送指令：包括寄存器之间、寄存器与主存储器之间的传送指令等。

③程序控制指令：包括条件转移指令、无条件转移指令、转子程序指令等。

④输入－输出指令：包括各种外围设备的读、写指令等。有的计算机将输入－输出指令包含在数据传送指令中。

⑤状态管理指令：包括诸如实现置存储保护、中断处理等功能的管理指令。

显然，程序控制类指令的功能是改变程序指令执行的顺序。

参考答案

（2）B

试题（3）

CPU 中有多个寄存器，其中，__（3）__的作用是提供待执行指令的地址。

（3）A．程序计数器　　　B．累加寄存器　　　C．指令寄存器　　　D．状态标志寄存器

试题（3）分析

本题考查计算机系统基础知识。

程序计数器（PC）是 CPU 中用于存放下一条指令所在单元的地址的寄存器。当执行一条指令时，首先需要根据 PC 中所存放的指令地址，将指令由内存取到指令寄存器中，此过程称为"取指令"。与此同时，PC 中的地址或自动加 1 或由转移指令给出下一条指令的地址。

累加寄存器是为运算器提供源操作数以及临时保存计算结果的寄存器。

状态标志寄存器（FLAGS）又称为标志寄存器（FR）或程序状态字（PSW），是运算器的一部分，状态标志寄存器用来存放两类信息：一类是体现当前指令执行结果的各种状态信息（条件码），如有无进位（CF 位）、有无溢出（OV 位）、结果正负（SF 位）、结果是否为零（ZF 位）、奇偶标志位（P 位）等；另一类是控制信息，如允许中断（IF 位）、跟踪标志（TF 位）等。

参考答案

（3）A

试题（4）

计算机系统中，高速缓存（Cache）与主存的地址映射是__（4）__。

（4）A．由操作系统的任务管理模块实现的

　　　B．由程序员编写程序来处理的

　　　C．由用户发出操作命令来实现的

　　　D．由硬件自动实现的

试题（4）分析

本题考查计算机系统基础知识。

高速缓冲存储器是存在于主存与 CPU 之间的一级存储器，由静态存储芯片（SRAM）组成，容量较小，但速度比主存高得多，接近于 CPU 的速度。

地址映射是指某一数据在内存中的地址与在高速缓存中的地址之间的对应关系。为保证工作速度，高速缓存（Cache）与主存的地址映射是由硬件自动实现的。

参考答案

（4）D

试题（5）

在下列计算机中，更关注吞吐量、可用性、可扩展性和能耗等性能的是　(5)　。

（5）A．台式机　　　　　B．服务器　　　　C．嵌入式计算机　　　D．个人智能终端

试题（5）分析

本题考查计算机系统基础知识。

服务器在网络中为其他客户机（如个人计算机、智能手机、ATM 等终端，甚至是火车系统等大型设备）提供计算或者应用服务。服务器具有高速的运算能力、长时间的可靠运行、强大的 I/O 吞吐能力以及更好的扩展性，因此更关注吞吐量、可用性、可扩展性和能耗等性能。

参考答案

（5）B

试题（6）

已知某字符的编码用十进制表示为 97，如果将最高位设置为奇校验位，则其二进制表示为　(6)　。

（6）A．01100001　　B．11100001　　C．01100000　　D．11100000

试题（6）分析

本题考查数据表示及校验的基础知识。

采用奇校验时，要求数据位加校验位中 1 的个数为奇数。十进制数 97 表示为二进制为 1100001，其中 1 的个数为 3，若在最左边加一位奇校验位，则该位应该为 0，因此加了奇校验位的二进制编码为 01100001。

参考答案

（6）A

试题（7）

　(7)　是用于对关系数据库进行数据操作、数据定义和数据控制的计算机语言。

（7）A．HTML　　　　B．PHP　　　　C．Python　　　　D．SQL

试题（7）分析

本题考查程序语言基础知识。

HTML（超文本标记语言）是一种标记语言。它包括一系列标签，通过这些标签可以将网络上的文档格式统一，使分散的 Internet 资源连接为一个逻辑整体。

PHP（Hypertext Preprocessor，超文本预处理器）是在服务器端执行的脚本语言，尤其适用于 Web 开发并可嵌入 HTML 中。

Python 是目前比较热门的编程语言，随着版本的不断更新和语言新功能的添加，逐渐被用于独立的、大型项目的开发。

SQL（Structured Query Language，结构化查询语言）是具有数据操纵和数据定义等多种功能的数据库语言，其交互性特点能为用户提供极大的便利。题目所述是指 SQL。

参考答案

（7）D

试题（8）

通过编程求解问题时，一般需进行问题建模、算法设计、编码和编译调试等阶段。下列 __（8）__ 阶段的工作与所选择的程序语言密切相关。

（8）A．问题建模和算法设计　　　　B．算法设计和编码
　　　C．问题建模和编译调试　　　　D．编码和编译调试

试题（8）分析

本题考查程序语言基础知识。

编程求解问题时，在算法设计时不需要考虑实现算法的语言，但在计算机上运行的程序都需用程序语言构造的编码来实现，不同语言在计算机上实现的方式不同，解释和编译是两种基本方式，因此编码和编译调试阶段的工作与所选择的程序语言密切相关。

参考答案

（8）D

试题（9）

编译器在对高级程序设计语言源程序进行翻译时，需要依次进行 __（9）__ 处理。

（9）A．语法分析、语义分析、词法分析
　　　B．语法分析、词法分析、语义分析
　　　C．词法分析、语法分析、语义分析
　　　D．词法分析、语义分析、语法分析

试题（9）分析

本题考查程序语言基础知识。

编译器要完成程序语言源程序的翻译，首先需要进行词法分析，即将源程序中的符号（symbol）解析出来，再分析这些符号是否按照各种语句的结构要求形成正确的句子，这就是语法分析，对语法正确的句子再分析其是否符合语义规则，在此基础上再进行后续处理。

参考答案

（9）C

试题（10）

队列是一种按"先进先出"原则进行插入和删除操作的数据结构。若初始队列为空，输入序列为 a b c d e，则可得到的出队序列为 __（10）__ 。

（10）A．abcde　　　B．abdce　　　C．edcba　　　D．edabc

试题（10）分析

本题考查数据结构基础知识。

由于队列是"先进先出"的容器，因此 a b c d e 入队后再出队列得到的序列仍为 a b c d e。还有其他形式的队列则可能改变"先入先出"规则，如双端队列、优先队列等。

参考答案

（10）A

试题（11）

对 n 个元素的有序数组 A[1..n]进行二分查找,在其中查找某个给定值时,最坏情况下与给定值进行比较的数组元素个数约等于__(11)__。

（11）A. n B. $(n+1)/2$ C. $\log_2 n$ D. n^2

试题（11）分析

本题考查数据结构基础知识。

在有序顺序表中进行二分查找时,总是与待查找区间的中间元素进行比较,若需要继续查找,则会将查找范围缩小一半,即第一次在 n 个元素中查找,第二次则在最多 $n/2$ 个元素中查找,第三次则最多在 $n/4$ 个元素中查找,以此类推,无论查找是否成功,最多经过约 $\log_2 n$ 次比较都会结束。

参考答案

（11）C

试题（12）

云计算服务体系结构如下图所示,图中①、②、③分别与 SaaS、PaaS、IaaS 相对应。图中①、②、③应为__(12)__。

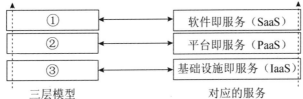

（12）A. 应用层、基础设施层、平台层　　B. 应用层、平台层、基础设施层
　　　 C. 平台层、应用层、基础设施层　　D. 平台层、基础设施层、应用层

试题（12）分析

本题考查云计算方面的基本概念。

云计算的服务层次是根据服务类型,即服务集合来划分的。云计算服务体系结构中各层次与相关云产品对应。其中:

● 应用层对应软件即服务（SaaS）,如 Google APPS、SoftWare+Services 等。
● 平台层对应平台即服务（PaaS）,如 IBM IT Factory、Google APP Engine 等。
● 基础设施层对应基础设施即服务（IaaS）,如 Amazon EC2、IBM Blue Cloud 等。

根据以上分析,完善的云计算服务体系结构图如下图所示。

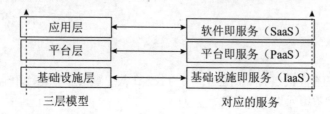

三层模型　　　　对应的服务

参考答案

（12）B

试题（13）

假设系统中有 n 个进程共享 2 台打印机，系统采用 PV 操作控制进程间的同步与互斥。如果系统控制打印机的信号量 S 的当前值为 1，进程 P_1、P_2 又分别执行了 1 次 P（S）操作，那么信号量 S 的值应为　（13）　。

（13）A．–3　　　　B．–2　　　　C．–1　　　　D．0

试题（13）分析

本题考查操作系统 PV 操作方面的基础知识。

系统采用 PV 操作实现进程同步与互斥，若有 n 个进程共享 2 台打印机，那么信号量 S 初值应为 2。若系统当前信号量 S 的值为 1，此时，P_1、P_2 又分别执行了 1 次 P（S）操作，即当 P_1 进程执行 P（S）操作时，信号量 S 的值等于 0；当 P_2 进程执行 P（S）操作时，信号量 S 的值等于 –1。

参考答案

（13）C

试题（14）

假设段页式存储管理系统中的地址结构如下图所示，则系统　（14）　。

31　　　　　　22	21　　　　　　12	11　　　　　　　　0
段　号	页　号	页内地址

（14）A．最多可有 512 个段，每个段的大小均为 2048 个页，页的大小为 8K

　　　B．最多可有 512 个段，每个段最大允许有 2048 个页，页的大小为 8K

　　　C．最多可有 1024 个段，每个段的大小均为 1024 个页，页的大小为 4K

　　　D．最多可有 1024 个段，每个段最大允许有 1024 个页，页的大小为 4K

试题（14）分析

本题考查操作系统页式存储管理方面的基础知识。

从图中可见，页内地址的长度是 12 位，$2^{12} = 4096$，即 4K；页号部分的地址长度是 10 位，每个段最大允许有 $2^{10} = 1024$ 个页；段号部分的地址长度是 10 位，$2^{10} = 1024$，最多可有 1024 个段，因此本题的正确答案为 D。

参考答案

（14）D

试题（15）

某软件公司在开发企业销售管理信息系统过程中，关系模式和视图设计是在数据库设计的__(15)__阶段进行。

(15) A．需求分析　　B．概念设计　　C．逻辑设计　　D．物理设计

试题（15）分析

本题考查对数据库应用系统设计的理解。

需求分析用于调查和整理企业数据需求和应用需求；概念设计用于描述企业应用中的实体及其联系；逻辑设计用于逻辑结构的设计，主要是关系模式的设计、视图设计、规范化等；物理设计实现对数据物理组织的描述，包括存取方式、索引设计、数据文件物理分布等。

参考答案

(15) C

试题（16）

在数据库系统中，__(16)__是对数据库中全部数据的逻辑结构和特征进行描述。

(16) A．外模式　　B．内模式　　C．概念模式　　D．存储模式

试题（16）分析

本题考查数据库系统基础知识。

在数据库系统中，概念模式也称模式，是对数据库中全部数据的逻辑结构和特征进行描述，即模式用于描述概念视图层次上的数据特性；外模式也称用户模式或子模式，是用户与数据库系统的接口，是对用户用到的那部分数据的描述，即外模式用于描述用户视图层次上的数据特性；内模式也称存储模式，是数据物理结构和存储方式的描述，是数据在数据库内部的表示方式，即内模式用于描述内部视图层次上的数据特性。

参考答案

(16) C

试题（17）、（18）

在数据库的三级模式结构中，视图与基本表之间通过建立__(17)__之间的映像，保证数据的逻辑独立性；基本表与存储文件之间通过建立__(18)__之间的映像，保证数据的物理独立性。

(17) A．模式到内模式　　　　B．外模式到内模式
　　　C．外模式到模式　　　　D．外模式到外模式

(18) A．模式到内模式　　　　B．外模式到内模式
　　　C．外模式到模式　　　　D．外模式到外模式

试题（17）、（18）分析

本题考查数据库系统基础知识。

数据库的三级模式结构中：视图对应外模式、基本表对应模式、存储文件对应内模式。数据库系统在三级模式之间提供了两级映像：模式/内模式映像、外模式/模式映像。这两级映像保证了数据库中的数据具有较高的逻辑独立性和物理独立性。

（1）外模式/模式的映像：存在于外部级和概念级之间，实现了外模式到概念模式之间的相互转换。数据的逻辑独立性是指用户的应用程序与数据库的逻辑结构是相互独立的。数据的逻辑结构发生变化后，用户程序可以不修改。但是，为了保证应用程序能够正确执行，

我们需要修改外模式/概念模式之间的映像。

（2）模式/内模式的映像：存在于概念级和内部级之间，实现了概念模式到内模式之间的相互转换。数据的物理独立性是指当数据库的内模式发生改变时，数据的逻辑结构不变。由于应用程序处理的只是数据的逻辑结构，这样物理独立性可以保证，当数据的物理结构改变了，应用程序不用改变。但是，为了保证应用程序能够正确执行，我们需要修改概念模式/内模式之间的映像。

参考答案

（17）C　　　（18）A

试题（19）、（20）

设有员工关系 Emp（员工号，姓名，性别，年龄，出生年月，联系方式，部门号），其中"联系方式"要求记录该员工的手机号码和办公室电话。在关系 Emp 中，__(19)__ 分别属于派生属性和多值属性；若关系 Emp 中的"部门号"要求参照部门关系 Dept 的主码"部门号"，那么对关系 Emp 的属性"部门号"应该进行 __(20)__ 约束。

（19）A．年龄和出生年月　　　　　B．年龄和联系方式
　　　 C．出生年月和联系方式　　　D．出生年月和年龄

（20）A．非空主键　　　B．主键　　　C．外键　　　D．候选键

试题（19）、（20）分析

本题考查数据库系统设计的基础知识。

概念模式设计阶段是根据对用户信息需要的分析设计 E-R 图，对于属性的分析，派生属性是指可以由其他属性经过运算得到的属性，因而派生属性产生冗余，通常不存储，如员工实体 Emp 的年龄；多值属性是指一个实体在该属性上会同时取多个属性值，这些值也都必须存储，如员工实体 Emp 的联系方式。数据约束也是描述用户信息的，根据参照完整性约束的定义，Emp 实体中的部门号属性应为外码，应该用 Foreign Key 进行外键约束。

参考答案

（19）B　　　（20）C

试题（21）

假设事务程序 A 中的表达式 x/y，若 y 取值为 0，则计算该表达式时，会产生故障。该故障属于 __(21)__ 。

（21）A．系统故障　　　B．事务故障　　　C．介质故障　　　D．死机

试题（21）分析

本题考查对事务故障的理解。

故障是指事务在运行时因各种原因所导致的事务异常终止。故障分为事务故障、系统故障和介质故障。事务故障是指由事务内部原因及死锁导致事务无法继续正常执行；系统故障是指由计算机硬件、操作系统或数据库软件故障导致的易失性存储器内容的丢失，使得事务终止，而非易失性存储器仍完好无损。介质故障是指因非易失性存储介质的损坏造成的数据库的破坏。本题所描述的故障是因为事务程序内部原因造成的故障，应属于事务故障。

参考答案

（21）B

试题（22）

在数据库系统中，数据的完整性是指数据的__(22)__。

(22) A．有效性、正确性和可维护性　　　　B．有效性、正确性和一致性
　　　C．有效性、正确性和安全性　　　　　D．正确性、一致性和安全性

试题（22）分析

本题考查数据库系统基本概念。

数据的完整性是指数据的有效性、正确性和一致性。在数据库设计时如果没有一定的措施确保数据库中数据的完整性，就无法从数据库中获得可信的数据。数据的完整性设计应该贯穿数据库设计的全过程。

参考答案

（22）B

试题（23）

事务提交之后，其对数据库的修改还存留在缓冲区中，并未写入硬盘，此时发生系统故障，破坏了事务的持久性。系统重启后，DBMS根据__(23)__对数据库进行恢复，将已提交的事务对数据库的修改写入硬盘。

(23) A．数据库文件　　　B．数据库副本　　　C．日志　　　D．索引记录

试题（23）分析

本题考查对数据库故障恢复的理解和掌握。

根据题干所描述的情况，事务提交后执行结果未写入数据库，发生故障系统重启会丢失修改，破坏了事务的持久性。系统故障是由数据库管理系统（DBMS）自动恢复，因为任何对数据库的修改，都必须采取先写日志的方式，修改前的数据和修改后的数据都会写入日志中，而且日志文件写入硬盘后才进行数据库的更新，所以在系统重启后，可以查看日志，对已提交的事务，将其更新结果写入数据库，从而保证事务的持久性。

参考答案

（23）C

试题（24）

以下特性中，__(24)__不属于软件商业秘密的基本特性。

(24) A．公开性　　　B．秘密性　　　C．实用性　　　D．保密性

试题（24）分析

《中华人民共和国反不正当竞争法》中对商业秘密的定义为"不为公众所知悉、能为权利人带来经济利益、具有实用性并经权利人采取保密措施的技术信息和经营信息"。从这一定义中可以看出，商业秘密具有秘密性、实用性和保密性三个特征。这些特征表明了商业秘密的基本构成条件。公开性是知识产权保护对象（客体）的一个基本特征，但商业秘密不具有此特性，它是依靠保密来维持其专有权利的，如果公开将失去法律的保护。

参考答案

(24) A

试题（25）

某软件公司为确保其软件产品在行业中的技术领先地位，保持其在市场竞争中占据优势，对公司员工进行了保密约束，防止技术秘密外泄。但该公司开发人员小李将其所开发软件的程序设计技巧和算法流程通过论文发表。以下说法正确的是__(25)__。

(25) A．该软件公司不享有商业秘密权

B．小李享有商业秘密权

C．小李的行为未侵犯公司的商业秘密权

D．小李的行为侵犯了公司的商业秘密权

试题（25）分析

软件公司享有商业秘密权。一项商业秘密受到法律保护，其必须具备构成商业秘密的三个条件，即不为公众所知悉、具有实用性、采取了保密措施。商业秘密权保护软件是以软件中包含"商业秘密"为必要条件的。该软件公司组织开发的应用软件具有商业秘密的特征，即包含他人不能知道的技术秘密；具有实用性，能为软件公司带来经济效益；对职工进行了保密的约束，在客观上已经采取相应的保密措施。

开发人员小李的行为侵犯了公司的商业秘密权。《中华人民共和国反不正当竞争法》中罗列的侵犯商业秘密的行为之一是"违反保密义务披露、使用或允许他人使用其掌握的商业秘密"。该开发人员不顾权利人（软件公司）的保密要求，擅自将其所知悉的软件技术秘密通过论文披露，属于侵犯商业秘密权的行为。

参考答案

(25) D

试题（26）

网络攻击分为主动攻击和被动攻击两类，以下选项中，__(26)__属于被动攻击。

(26) A．监听　　　　B．伪造　　　　C．DoS　　　　D．假冒

试题（26）分析

本题考查网络攻击的手段。

网络攻击分为主动攻击和被动攻击两类。主动攻击包含攻击者访问他所需信息的故意行为，比如远程登录到指定机器的指定端口获取服务器信息、伪造无效 IP 地址连接服务器从而占用服务器资源等。被动攻击主要是收集信息，数据的合法用户对这种活动不容易觉察。

试题选项中，假冒、伪造、DoS（拒绝服务攻击）属于主动攻击。监听属于被动攻击。

参考答案

(26) A

试题（27）

为了防止电子邮件中的恶意代码，通常采用__(27)__方式阅读电子邮件。

(27) A．会话　　　　B．网页　　　　C．程序　　　　D．纯文本

试题（27）分析

本题考查邮件安全相关知识。

当电子邮件中包含网页或者程序时，就有可能包含恶意代码。因此选择以纯文本的方式阅读电子邮件就能防止恶意代码的触发。

参考答案

（27）D

试题（28）

计算机网络中，两个主机间通信时对传送信息内容的理解、信息表示形式以及各种情况下的应答信号都必须遵守一个共同的约定，这个约定我们称为__(28)__。

（28）A．令牌环　　　　B．信令　　　　C．协议　　　　D．总线

试题（28）分析

本题考查计算机网络协议基础知识。

在计算机网络中的两个主机间进行通信时，需要对传送的信息内容的理解、信息的表示形式以及各种情况下的应答信号等采用一个大家都必须共同遵守的约定，这个约定称为协议。

令牌环（Token-Ring）是定义在 IEEE 802.5 标准中的一种局域网接入方式。

总线（Bus）是各种功能部件之间传送信息的公共通信干线，它是由一组导线组成的传输线束。

信令实际上就是一种用于控制的信号，通信设备之间任何实际应用信息的传送总是伴随着一些控制信息的传递，它们按照既定的通信协议工作，将应用信息安全、可靠、高效地传送到目的地。这些信息在计算机网络中叫作协议控制信息，而在电信网中叫作信令（Signal）。

参考答案

（28）C

试题（29）

__(29)__ 允许不同计算机上的用户建立对话关系，它的一个服务是管理对话，即允许信息同时双向传输，或者任一时刻只能单向传输；另一个服务是同步，它会在数据流中插入检查点，每次网络崩溃后，仅需要重传最后一个检测点以后的数据。

（29）A．应用层　　　　B．会话层　　　　C．物理层　　　　D．网络层

试题（29）分析

本题考查网络体系结构基础知识。

在 ISO（International Organization for Standardization，国际标准化组织）的 OSI（Open System Interconnect，开放系统互连）参考模型（Reference Model，RM）中，会话层允许不同计算机上的用户建立对话关系，会话层的一个服务是管理对话，即允许信息同时双向传输，或者任一时刻只能单向传输；另一个服务是同步，会话层会在数据流中插入检查点，每次网络崩溃后，仅需要重传最后一个检测点以后的数据。

应用层是 OSI 参考模型的最高层，它为用户提供服务，具有网络传输的用户接口功能，主要负责在网络上用户与应用程序或应用程序与应用程序之间的通信。

网络层关系到通信子网的运行控制，体现了网络应用环境中资源子网访问通信子网的方式。网络层的主要任务是设法将源结点发出的数据包传送到目的结点，从而向传输层提供最基本的端到端的数据传送服务。

物理层是 OSI 参考模型的最低层，它为设备之间的数据通信提供传输媒体及互连设备，为数据传输提供可靠的环境。

综上所述，可以看出题目中给出的内容针对的是会话层。

参考答案

（29）B

试题（30）

FDDI（光纤分布数据接口）光纤环网是一种以光纤作为传输介质的高速主干网，FDDI 采用主、副双环结构，主环进行正常的数据传输，副环为 __(30)__ 。

（30）A．传输令牌的专用环　　　　　　B．接入 ATM 的专用环
　　　　C．冗余的备用环　　　　　　　　D．无线设备接入的备用环

试题（30）分析

本题考查对局域网组网技术中的 FDDI（光纤分布数据接口）光纤环网的理解。

FDDI（光纤分布数据接口）光纤环网是一种以光纤作为传输介质的高速主干网，FDDI 采用主、副双环结构，主环进行正常的数据传输，副环为冗余的备用环。

参考答案

（30）C

试题（31）

数字信号是离散的。每个脉冲代表一个信号单元，或称码元。在计算机网络中主要用二进制的数据信号，可用两种码元分别代表二进制数字符号 1 和 0，也称为二元码。表示二进制数字的码元的形式不同，便产生出不同的编码方案。通常在基带方式下，数字信号编码有几种方式，下列 __(31)__ 不属于这几种编码方式。

（31）A．单极性码　　　B．门捷列夫码　　　C．曼彻斯特码　　　D．双极性码

试题（31）分析

本题考查数据通信基础知识。

数字通信系统的任务是传输数字信息，数字信息可能是来自终端设备的原始数据信号，也可能是来自模拟信号经数字化处理后的脉冲信号。传输数字信息的方法是按传输波形来分类的，通常会采用基带方式和 4B/5B 编码。基带编码过程中，数字信号是离散的，每个脉冲代表一个信号单元，或称码元。在计算机网络中主要用二进制的数据信号，可用两种码元分别代表二进制数字符号 1 和 0，也称为二元码，表示二进制数字的码元的形式不同，便产生出不同的编码方案。编码方式分为单极性码、双极性码、曼彻斯特码。在基带编码方式中不存在门捷列夫码。

参考答案

（31）B

试题（32）

网管软件的功能可以归纳为三个部分，下列__（32）__不属于这三个部分。

（32）A．杀毒软件　　　B．体系结构　　　C．应用程序　　　D．核心服务

试题（32）分析

本题考查网络管理软件知识。

网络管理的需求决定网管系统的组成和规模。任何网管系统无论其规模大小，基本上都是由支持网关协议的网管软件平台、网管支撑软件、网管工作平台和支持网管协议的网络设备组成。网管软件是网管系统的核心。网管软件的功能可以归纳为三个部分：体系结构、核心服务和应用程序。首先，从基本的框架体系方面，网管软件需要提供一种通用的、开放的、可扩展的框架体系；其次，网管软件应该能够提供一些核心的服务来满足网络管理的部分要求，核心服务是一个网管软件应该具备的基本功能；再次，为了实现特定的事务处理和结构支持，网管软件有必要加入一些有价值的应用程序，以扩展网管软件的基本功能。杀毒软件不属于网管软件要求的功能范畴。

参考答案

（32）A

试题（33）

网络安全协议是营造网络安全环境的基础，是构建安全网络的关键技术。常见的网络安全协议有多种，下列__（33）__不是常见的网络安全协议。

（33）A．SSH 协议　　　B．SSL 协议　　　C．SET 协议　　　D．SAP 协议

试题（33）分析

本题考查计算机网络安全协议相关知识。

网络中使用的协议门类众多，网络安全协议是营造网络安全环境的基础，是构建安全网络的关键技术。题目中所列 SSH（Secure Shell）是较可靠且专为远程登录会话和其他网络服务提供安全性支持的协议。利用 SSH 协议可以有效防止远程管理过程中的信息泄露问题。SSL（Secure Socket Layer）安全套接层是 Netscape 公司率先采用的网络安全协议，它是在传输通信协议（TCP/IP）上实现的一种安全协议，采用公开密钥技术。SET（Secure Electronic Transaction）协议是为了实现更加完善的即时电子支付应运而生的，SET 协议被称为安全电子交易协议，是由 Master Card 和 Visa 联合 Netscape、Microsoft 等公司，于 1997 年 6 月 1 日推出的一种新的电子支付模型。SAP 不是一种协议。

参考答案

（33）D

试题（34）

采用 McCabe 度量法计算下图所示程序的环路复杂性为__（34）__。

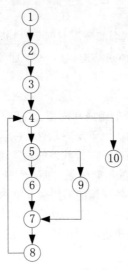

(34) A. 1　　　　　　B. 2　　　　　　C. 3　　　　　　D. 4

试题（34）分析

本题考查使用 McCabe 度量法计算程序图环路复杂性的方法。

McCabe 度量法是一种基于程序控制流的复杂性度量方法。McCabe 复杂性度量又称环路度量，其计算公式为 V(g)=m–n+2，其中 m 和 n 分别代表图中的边数和顶点数。

根据 McCabe 度量法环路复杂性公式 V(g)=m–n+2，图中 m=11，n=10，V(g)=11–10+2=3。

参考答案

（34）C

试题（35）

软件开发过程中，需求分析阶段的输出不包括__(35)__。

(35) A. 数据流图　　　B. 实体联系图　　　C. 数据字典　　　D. 软件体系结构图

试题（35）分析

本题考查软件开发过程的基础知识。

结构化分析模型包括数据流图、实体联系图、状态迁移图和数据字典，这些模型是需求分析阶段的输出。

选项 D 的软件体系结构图是在软件设计阶段进行确定的。

参考答案

（35）D

试题（36）

修改现有软件系统的设计文档和代码以增强可读性，这种行为属于__(36)__维护。

(36) A. 正确性　　　B. 适应性　　　C. 完善性　　　D. 预防性

试题（36）分析

本题考查系统维护类型的相关知识。

系统维护类型有正确性维护、适应性维护、完善性维护、预防性维护 4 类。

正确性维护（改正性维护）是指改正在系统开发阶段已发生而系统测试阶段尚未发现的错误；适应性维护是指使应用软件适应信息技术变化和管理需求变化而进行的修改；完善性维护是为扩展功能和改善性能而进行的修改；预防性维护是改变系统的某些方面，以预防失效的发生。

修改现有软件系统的设计文档和代码以增强可读性，事实上是在提高软件的质量。因此属于完善性维护。

参考答案

（36）C

试题（37）

以下关于增量开发模型的叙述中，不正确的是__（37）__。

（37）A．不必等到整个系统开发完成就可以使用
　　　B．可以使用较早的增量构件作为原型，从而获得稍后的增量构件需求
　　　C．优先级最高的服务先交付，这样最重要的服务接受最多的测试
　　　D．有利于进行好的模块划分

试题（37）分析

本题考查增量开发模型的概念。

增量模型采用的是一种"递增式"模型，它将软件产品划分为一系列的增量构件，分别进行设计、编码、集成和测试。

在利用增量模型进行开发时，如何进行模块的划分往往是难点所在，而不是这种模型的优点。

参考答案

（37）D

试题（38）

某工厂使用基于物联网的大数据分析系统实现柔性生产，该系统属于__（38）__。

（38）A．面向作业处理的系统　　　B．面向管理控制的系统
　　　C．面向决策计划的系统　　　D．面向数据汇总的系统

试题（38）分析

本题考查信息系统的类型。

面向作业处理的系统是实现处理过程自动化的系统；面向管理控制的系统是实现辅助管理、管理自动化的系统；面向决策计划的系统是为决策计划提供支撑的系统。

题中系统功能是进行大数据分析，是针对管理的系统，属于面向管理控制的系统。

参考答案

（38）B

试题（39）

以下关于信息系统结构的叙述中，不正确的是__（39）__。

（39）A．包括信息源、信息处理器、信息用户和信息管理者
　　　B．信息源是信息的产生地

C．信息管理者是信息系统的目标用户

D．信息处理器对信息进行传输、加工、存储

试题（39）分析

本题考查信息系统的相关概念。

信息系统从概念上来看是由信息源、信息处理器、信息用户和信息管理者4部分组成。

信息源是信息系统的数据来源，它是信息的产生地。信息源包括内信息源和外信息源两种。内信息源指企业内部生产经营活动中所产生的各种数据，如生产数据、财务数据、销售数据等。外信息源是指来自企业外部环境的各种信息，如国家宏观经济信息、市场信息等。

信息处理器负责信息的传输、加工、存储，为各类管理人员，即信息用户提供信息服务。

信息用户是信息的使用者，也就是企业不同部门和不同层次的管理人员。

信息管理者是指负责管理信息系统开发和运行的人员，在系统实施过程中负责信息系统各部分的组织和协调。

综上所述，"信息管理者是信息系统的目标用户"的说法是错误的。

参考答案

（39）C

试题（40）

以下关于信息系统工程的叙述中，不正确的是 __(40)__ 。

(40) A．信息系统工程用计算机科学原理和方法来指导信息系统建设

B．信息系统工程具有系统工程的共同特点

C．信息系统工程把研究对象和研究过程看作一个整体

D．信息系统工程综合应用各种学科和技术领域所取得的成就

试题（40）分析

本题考查信息系统的相关概念。

信息系统工程具有系统工程的共同特点，其中最基本的特点是研究方法的整体性，即把研究对象和研究过程看作一个整体，信息系统工程综合应用各种学科和技术领域所取得的成就。

信息系统工程是用系统工程的原理、方法来指导信息系统建设和管理的一门工程技术学科，选项A与之不符。

参考答案

（40）A

试题（41）

以下关于信息系统对企业影响的叙述中，不正确的是 __(41)__ 。

(41) A．促使组织结构的层级化　　B．使组织结构更加灵活和有效

C．可实现虚拟办公室　　　　D．增加企业流程重组的成功率

试题（41）分析

本题考查信息系统的相关概念。

信息系统对企业的影响包含以下方面：

（1）促使组织结构的扁平化：高层领导可以查询基层信息，减少中/低层的管理人员。

（2）组织结构更加灵活和有效：不同地域部门、分支机构、管理人员可借助有关信息的分析与判断，直接对生产问题做出决定。

（3）虚拟办公室：借助互联网络和移动通信，人员办公地点可以不固定。

因此，信息系统不能促使企业组织结构的层级化。

参考答案

（41）A

试题（42）

以下关于项目的叙述中，不正确的是 __（42）__ 。

（42）A．项目有一定的资源约束

　　　B．项目有一定的目标

　　　C．项目是多次重复的任务

　　　D．项目资源约束包括时间、经费、人力等

试题（42）分析

本题考查项目的定义和特点。

项目是为创建独特的产品、服务和成果而临时进行的一次性努力。项目具有一定的目标、一定的资源约束（时间、经费、人力资源）、独特的性质、有限的生命周期、实施的一次性、不确定性和风险性、结果的不可逆转性等特点。

故项目并非多次重复的任务，而是一次性努力。

参考答案

（42）C

试题（43）

以下关于信息系统项目的叙述中，不正确的是 __（43）__ 。

（43）A．信息系统项目目标确定后不能再更改

　　　B．信息系统项目进度等计划可能会不断更改

　　　C．信息系统项目会受人力影响

　　　D．信息系统项目需要团队合作

试题（43）分析

本题考查信息系统项目的概念。

信息系统的任务目标不精确、任务边界模糊，质量要求主要由项目团队定义。在信息系统项目的开发过程中，客户的需求不断被激发，从而导致项目目标、进度、费用等计划的不断更改。信息系统项目是智力密集、劳动密集型项目，受人力资源影响最大，需要团队合作。

参考答案

（43）A

试题（44）

以下选项中，不属于项目时间管理的是 __（44）__ 。

（44）A．活动定义　　　B．活动排序　　　C．资源计划　　　D．时间表控制

试题（44）分析

本题考查项目时间管理的相关知识。

合理地安排项目时间是项目管理中的一项关键内容，它的目的是保证按时完成项目、合理分配资源、发挥最佳工作效率。合理地安排时间，保证项目按时完成。项目时间管理主要包括活动定义、活动排序、活动工期估算和安排进度表 4 个内容。

综上所述，资源计划不属于项目时间管理的内容。

参考答案

（44）C

试题（45）

以下系统分析的叙述中，不正确的是 __(45)__ 。

(45) A．系统分析员因缺乏业务专业知识导致系统调查无从下手
　　 B．用户精通业务所以可以准确表达需求
　　 C．系统分析员与用户由于知识构成不同交流困难
　　 D．信息系统环境不断变化导致确定系统模式和边界困难

试题（45）分析

本题考查系统分析的相关概念。

系统分析是信息系统开发最重要的阶段，也是最困难的阶段。系统分析的困难主要来自三个方面：问题空间的理解、人与人之间的沟通和环境的不断变化。

由于系统分析人员缺乏足够的对象系统的专业知识，在系统调查中往往觉得无从下手，或者被各种具体数字、大量的资料、庞杂的业务流程搞得眼花缭乱。

另一方面，用户往往缺乏计算机方面的足够知识，不了解计算机的使用范围。许多用户虽然精通自己的业务，但往往不善于把业务过程明确地表达出来，不知道该给系统分析人员介绍什么。

系统分析人员与用户的知识构成不同、经历不同，使得双方交流十分困难，因而系统调查中容易出现遗漏和误解，是系统开发的隐患，会使系统开发偏离正确的方向。

系统分析阶段要通过调查分析，抽象出新系统的概念模型，锁定系统边界、功能、处理过程和信息结构，为系统设计奠定基础。但是，信息系统处于不断变化的环境中，环境对它不断提出新的要求。只有适应这些要求，信息系统才能生存下去。在系统分析阶段，要完全确定系统模式是困难的，有时甚至是办不到的。

参考答案

（45）B

试题（46）

以下关于数据流图绘制的叙述中，不正确的是 __(46)__ 。

(46) A．需要首先确定外部项
　　 B．自顶向下逐层扩展
　　 C．各种符号需要合理布局
　　 D．需要反映数据的处理方式和时间顺序

试题（46）分析

本题考查数据流图的相关概念。

绘制数据流图应遵循的主要原则如下：

（1）确定外部项。一张数据流图表示某个子系统或某个系统的逻辑模型。系统分析人员要根据调查材料，首先识别出那些不受所描述的系统的控制，但又影响系统运行的外部环境，这就是系统的数据输入的来源和输出的去处。要把这些因素都作为外部项确定下来。确定了系统和外部环境的界面，就可集中力量分析、确定系统本身的功能。

（2）自顶向下逐层扩展。信息系统庞大而复杂，具体的数据加工可能成百上千，关系错综复杂，不可能用一两张数据流图明确、具体地描述整个系统的逻辑功能，自顶向下的原则为绘制数据流提供了一条清晰的思路和标准化的步骤。

（3）合理布局。数据流图的各种符号要布局合理，分布均匀、整齐、清晰，使读者一目了然，以便于交流，避免产生误解。一般要把系统数据主要来源的外部项尽量安排在左边，而把数据主要去处的外部项尽量安排在右边，数据流的箭头线尽量避免交叉或过长，必要时可用重复的外部项和重复的数据存储符号。

数据流图只反映数据流向、数据加工和逻辑意义上的数据存储，不反映任何数据处理的技术过程、处理方式和时间顺序，也不反映各部分相互联系的判断与控制条件等技术问题。这样，只从系统逻辑功能上讨论问题，便于和用户交流。

参考答案

（46）D

试题（47）

以下选项中，___（47）___ 不属于UML的图。

A．用例图　　　　B．类图　　　　C．数据流图　　　　D．顺序图

试题（47）分析

本题考查UML图相关知识。

UML（Unified Model Language，统一建模语言）又称标准建模语言，是用来对软件密集系统进行可视化建模的一种语言。UML从考虑系统的不同角度出发，定义了用例图、类图、对象图、包图、状态图、活动图、序列图、协作图、构件图和部署图这10种图。

数据流图是结构化分析方法中的分析工具，而UML图是面向对象的分析方法中的工具。数据流图不属于UML的图。

参考答案

（47）C

试题（48）

以下关于系统设计原则的叙述中，不正确的是___（48）___。

（48）A．要从整个系统的角度进行考虑

　　　　B．要尽量简单，避免不必要的设计

　　　　C．要有很强的环境适应性

　　　　D．要避免受业务管理水平等因素影响

试题（48）分析

本题考查系统设计原则的相关概念。

系统设计总的原则是保证系统设计目标的实现，并在此基础上使技术资源的运用达到最佳。系统设计中，应遵循以下原则：

（1）系统性原则。在系统设计中要从整个系统的角度进行考虑，注意保证系统的一致性和完整性。

（2）可靠性原则。可靠性指系统抵御外界干扰的能力、受外界干扰时的恢复能力与系统对外界环境变化的适应能力。

（3）经济性原则。经济性是指在满足系统要求的前提下，不仅追求给用户带来一定的效益，还应尽可能减少不必要的开销，避免不必要的设计。

（4）管理可接受。一个系统能否发挥作用和具有较强的生命力，在很大程度上取决于管理上是否可以接受。因此，在系统设计时，要考虑到用户的业务类型、用户的管理基础工作、用户的人员素质、人机界面的友好程度、掌握系统操作的难易程度等诸多因素的影响。

在系统设计时，必须充分考虑到这些因素，才能设计出用户可接受的系统。

参考答案

（48）D

试题（49）

以下关于系统模块的叙述中，不正确的是 __(49)__ 。

(49) A．模块包括输入输出、逻辑功能、内部数据和运行程序
     B．模块是通过一个名字就可以调用的一段程序语言
     C．模块具备抽象性的特点
     D．模块内信息应尽可能方便外部其他模块获取和访问

试题（49）分析

本题考查软件设计中模块设计的相关概念。

软件设计的基本原则是信息隐蔽与模块独立性。在概要设计时列出将来可能发生变化的因素，并在模块划分时将这些因素放到个别模块的内部。也就是说，每个模块的实现细节对于其他模块来说是隐蔽的，模块中所包含的信息（包括数据和过程）不允许其他不需要这些信息的模块使用。

参考答案

（49）D

试题（50）

下列选项中，__(50)__ 不属于程序流程图的基本成分。

(50) A．加工步骤　　B．逻辑条件　　C．外部实体　　D．控制流

试题（50）分析

本题考查程序流程图的相关概念。

程序流程图是历史最久、使用最广的一种图形表示方法。程序流程图包括3种成分：加工步骤，用方框表示；逻辑条件，用菱形表示；控制流，用箭头表示。程序流程图的缺点之

一就是只描述执行过程,而不能描述有关数据。

综上所述,程序流程图中不包括外部实体。

参考答案

(50)C

试题(51)

以下关于系统实施方法的叙述中,不正确的是 __(51)__ 。

(51)A. 做好实施阶段的进度计划是完成实施的基本保证
　　 B. 实施阶段需要较多的专业面广的人员
　　 C. 系统设计阶段已进行了子系统和模块的分解,实施阶段逐一实施即可
　　 D. 实施阶段需要进行硬件环境、软件环境和网络环境的构建

试题(51)分析

本题考查系统实施方法的相关概念。

影响系统实施成功与否的因素有以下几个方面:

①进度的安排:做好实施阶段的进度计划是完成实施的基本保证。

②人员的组织:实施阶段需要较多的专业面广的人员,因此需要提前物色和准备,系统实施中需要的人员涉及多方面,包括网络、计算机硬件、软件人员,特别是程序设计人员。

③任务的分解:系统实施阶段所面临的可能是一个庞大而复杂的系统,在系统设计阶段已将其分解为子系统和模块,分解是将复杂的事务简单化的措施和手段。但在实际实施中仍然需要将不同技术内容的工作或同一类工作中不同性质或有完成顺序要求的工作加以进一步分析并排列好先后顺序。

④开发环境的构建:系统开发环境包括硬件环境、软件环境和网络环境等。

参考答案

(51)C

试题(52)

在测试过程中,正确的测试顺序应该是 __(52)__ 。

①单元测试　　　②集成测试　　　③系统测试

(52)A. ①②③　　B. ③①②　　C. ②③①　　D. ③②①

试题(52)分析

本题考查测试的相关概念。

测试过程按3个步骤进行,即单元测试、集成(组装)测试和系统测试。

测试的第一步是单元测试,集中对用源代码实现的每一个程序单元进行测试,检查各个程序模块是否正确地实现了规定的功能。

然后,把已测试过的模块组装起来,进行集成测试(组装测试),主要对与设计相关的软件体系结构的构造进行测试。为此,在将一个个实施了单元测试并确保无误的程序模块组装成软件系统的过程中,对正确性和程序结构等方面进行检查。

最后是系统测试,把已经经过确认的软件纳入实际运行环境中,与其他系统成分组合在一起进行测试。

参考答案

（52）A

试题（53）

某制造型企业购置了一套 MES 系统，经过一段时间的使用后发现无法完全满足其生产过程的要求，因此又重新研制了一套系统，计划分模块逐步替换掉已有系统，这种系统转换方式属于__（53）__。

（53）A．分段转换　　　B．直接转换　　　C．并行转换　　　D．串行转换

试题（53）分析

本题考查系统转换方式的类型。

直接转换是指在确定新的管理信息系统运行准确无误时，在某一时刻终止现行系统，启用新的管理信息系统；并行转换是新的管理信息系统和现行系统并行工作一段时间，在新的管理信息系统运行准确无误时，替代现行系统；分段转换是直接转换和并行转换的结合，分阶段将新的管理信息系统的各个子系统替代现行系统。

某工厂使用新 MES 系统分模块逐步替换掉已有系统，属于分段转换。

参考答案

（53）A

试题（54）

IT 系统管理工作中，涉及管理的关键 IT 资源有四大类，下列选项中，__（54）__不属于这四类资源。

（54）A．硬件资源　　　B．网络资源　　　C．数据资源　　　D．人力资源

试题（54）分析

本题考查 IT 系统管理知识。

IT 系统管理工作中有许多管理对象，其中被管理的关键 IT 资源有四大类。

①硬件资源：包括各类服务器、终端、打印机、扫描仪等硬件设备。

②软件资源：包括整个环境中运行的软件和文档，如操作系统、中间件、各种应用软件、工具及相应的各类文档。

③网络资源：包括通信线路、企业等单位提供共享服务的网络服务器及其系统软件、网络传输介质互联设备及网络其他各层互联设备、各类网络软件、网络协议等各种网络资源。

④数据资源：包括企业等单位生产及管理过程中涉及的一切文件、资料、图表和数据的总称。

人力资源不属于系统管理中的关键 IT 资源。

参考答案

（54）D

试题（55）

在用户管理中，企业用户管理的功能主要包括四类管理，下列选项中，__（55）__不属于这四类。

（55）A．用户产品管理　　　　　B．用户账号管理

C．用户权限管理 D．用户安全审计

试题（55）分析

本题考查企业用户管理知识。

企业用户管理的功能主要包括：

①用户账号管理，用于处理用户信息、鉴别用户身份及合法性问题。

②用户权限管理，确定是否允许用户执行所请求操作的流程，控制用户进行的访问和操作。

③企业外部用户管理，主要是关于企业的外包商、供应商、服务商的账号的分配、撤销及权限管理。

④用户安全审计，主要利用日志工具来检测和报告较差的密码和易猜的密码，定期再检查和重新认证用户对系统的访问。

这其中没有用户产品管理的提法。

参考答案

（55）A

试题（56）

在TCO总成本管理中，总会用到TCO模型，它面向的是一个由分布式的计算、服务台、应用解决方案、数据网络、语音通信、运营中心以及电子政务等构成的IT环境。大多数TCO模型中，度量指标的基本要素是相同的，即直接成本和__(56)__。

(56) A．合同成本 B．直接成本加成
　　　C．间接成本 D．原材料成本

试题（56）分析

本题考查对TCO成本管理的理解。

在TCO总成本管理中，总会用到TCO模型，它面向的是一个由分布式的计算、服务台、应用解决方案、数据网络、语音通信、运营中心以及电子政务等构成的IT环境。大多数TCO模型中，度量指标的基本要素是相同的，即直接成本及间接成本。不存在合同成本、直接成本加成和原材料成本这样的度量指标。

参考答案

（56）C

试题（57）

在IT资源管理的硬件配置管理中，硬件更新阶段应该出具相应的硬件更新报告、存档，并更改__(57)__。

(57) A．软件登记表 B．配置项
　　　C．配置管理 D．硬件登记表

试题（57）分析

本题考查IT资源管理知识。

在IT资源管理的硬件配置管理中，硬件更新阶段应该出具相应的硬件更新报告、存档，并更改硬件登记表。该过程不涉及更改软件登记表，也不需要更改配置管理和配置项。

参考答案

（57）D

试题（58）

软件文档和 __(58)__ 共同构成了能完成特定功能的计算机软件。

（58）A．程序　　　B．网络　　　C．主机　　　D．接口

试题（58）分析

本题考查对计算机软件资源的理解。

在计算机系统中，软件文档和程序共同构成了能完成特定功能的计算机软件。

参考答案

（58）A

试题（59）

一般说来，网络管理就是通过某种方式对网络状态进行调整，使网络能正常、高效地运行。典型的网络管理系统包括两部分：探测器 Probe（或代理）和控制台 Console，其中控制台的主要作用就是 __(59)__ 。

（59）A．负责收集众多网络节点上的数据
　　　B．负责集合并分析探测器收集的数据，提取有用信息和报告
　　　C．负责分发探测器收集的数据，生成分发报告
　　　D．负责监控众多网络节点上的数据，查看是否包含非法数据

试题（59）分析

本题考查对网络管理系统的理解。

一般说来，网络管理就是通过某种方式对网络状态进行调整，使网络能正常、高效地运行。其目的很明确，就是使网络中的各种资源得到更加高效的利用，当网络出现故障时能及时做出报告和处理，并协调、保持网络的高效运行等。典型的网络管理系统包括探测器 Probe 和控制台 Console 两部分，探测器 Probe（或代理）主要负责收集众多网络节点上的数据，控制台 Console 主要负责集合并分析探测器收集的数据，提取有用信息和报告。

参考答案

（59）B

试题（60）

数据安全是数据库管理人员和系统管理人员日常工作中最重要的工作内容。有效的数据库审计是数据库安全的基本要求。通常，__(60)__ 可以分析审计信息、跟踪审计事件、追查责任以及使用审计服务器记录审计跟踪，并且可以根据审计信息，对审计结果进行统计、跟踪和分析，进行审计跟踪、入侵检测等。

（60）A．信息系统审计员　　　　　　B．单位主管领导
　　　C．数据库审计员　　　　　　　D．信息系统录入员

试题（60）分析

本题考查对数据库审计的理解。

数据安全是数据库管理人员和系统管理人员日常工作中最重要的工作内容。有效的数据

库审计是数据库安全的基本要求。通常，信息系统审计员可以从数据库系统本身、主体和客体三个方面来进行审计，审计对数据库对象的访问以及与安全相关的事件。数据库审计员可以分析审计信息、跟踪审计事件、追查责任以及使用审计服务器记录审计跟踪，并且可以根据审计信息，对审计结果进行统计、跟踪和分析，进行审计跟踪、入侵检测等。信息系统录入员不负责数据库审计，单位主管领导不具体负责数据库业务。

参考答案

（60）C

试题（61）

在故障管理中，需要进行故障调研。下列选项中，__（61）__不属于故障调研工作。

（61）A．故障信息收集　　　　　B．故障查明
　　　C．故障问责　　　　　　　D．故障记录

试题（61）分析

本题考查故障管理知识。

在故障管理中，需要进行故障调研。按照调研流程，首先应该进行故障信息收集，对故障信息的来源地，如服务台、系统、用户和其他部门采用自动收集和人工收集的方法收集各种故障信息；故障记录除记录一些故障发生初期的基本信息外，还要记录故障发生的时间、故障影响的服务等信息；故障查明是故障管理人员根据服务台提供的信息和故障数据库信息，判断此故障是否与已有故障相同或相似，给故障编号并判断故障的严重性。故障调研中不涉及故障问责。

参考答案

（61）C

试题（62）

在数据库故障恢复措施中，对数据库故障进行了分类，下面__（62）__属于硬故障。

（62）A．操作系统故障　　B．事务故障　　C．突然停电　　D．介质故障

试题（62）分析

本题考查数据库故障分类知识。

在故障及问题管理中，数据库故障被分为事务故障、系统故障、介质故障三大类。事务故障是指事务在运行至正常终点前被终止，恢复方法是撤销事务，即清除该事务对数据库的所有修改，使得这个事务像根本没有启动过一样。系统故障是指造成系统停止运转的任何事件使得系统要重新启动，如突然停电、操作系统故障等。介质故障常被称为硬故障，专指外存故障，如磁头损坏、瞬时强磁场干扰等。突然停电属于故障分类中的系统故障。

综上所述，只有介质故障被称为硬故障。

参考答案

（62）D

试题（63）

在安全管理中，制定安全策略是很重要的工作。安全策略的目的是__（63）__，为网络和信息安全提供管理指导和支持，它是组织信息安全的最高方针，描述了一个组织高层的安全

目标，并且描述了应该做什么而不是怎么去做。

(63) A．保证信息系统的安全
　　　B．保证信息系统管理人员的安全
　　　C．保证网络上的所有设备安全
　　　D．保证 IT 系统的绝对安全

试题（63）分析

　　本题考查安全管理策略知识。

　　在安全管理中，制定安全策略是很重要的工作。安全策略的目的是保证信息系统的安全，为网络和信息安全提供管理指导和支持，它是组织信息安全的最高方针，描述了一个组织高层的安全目标，并且描述了应该做什么而不是怎么去做。安全策略的制定主要针对的是信息系统安全，而不是针对管理人员的安全，同样，策略也无法保证网络上所有设备的安全。安全是一个相对的概念，绝对安全是做不到的。

参考答案

　　(63) A

试题（64）

　　在安全管理中，设备安全包括内容较多，下面__(64)__不属于设备安全。

(64) A．防电磁信息辐射泄漏　　　　　B．抗电磁干扰
　　　C．防止设备仿制　　　　　　　　D．防止线路截获

试题（64）分析

　　本题考查安全管理知识。

　　在安全管理中，设备安全是对系统进行安全保护的重要内容之一。设备安全主要包括设备的防盗、防毁、防电磁信息辐射泄漏、防止线路截获、抗电磁干扰和电源保护等。它不涉及设备仿制问题。

参考答案

　　(64) C

试题（65）

　　系统性能评价的结果通常有两个指标，一个是__(65)__，另一个是持续性能。

(65) A．估值性能　　B．峰值性能　　C．调和平均性能　　D．算术平均性能

试题（65）分析

　　本题考查对性能评价指标的理解。

　　利用不同基准测试程序对计算机系统进行测试可能会得到不同的性能评价结果，对这些结果进行统计和比较分析，可以得到较为准确的接近实际的结果。性能评价的结果通常有两个指标，一个是峰值性能，另一个是持续性能。峰值性能是指在理想情况下计算机系统可获得的最高理论性能值，它不能反映系统的实际性能。持续性能最能体现系统的实际性能，通常表示持续性能用的是三种平均值计算，即算术平均值、几何平均值和调和平均值。性能评价中没有估值性能这一指标。

参考答案

（65）B

试题（66）

在系统能力管理中，能力管理的过程是一个由一系列需要反复循环执行的活动组成的流程。这些活动涉及技术和管理。下面 __(66)__ 不属于这些活动。

（66）A．管理者能力评价　　　　　　B．能力数据监控
　　　C．能力评价和分析诊断　　　　D．改进调优和实施变更

试题（66）分析

本题考查对系统能力管理过程的理解。

在系统能力管理中，能力管理的过程是一个由一系列需要反复循环执行的活动组成的流程。这些活动既涉及技术，也需要管理。它们包括能力数据监控、能力评价和分析诊断、改进调优和实施变更。这些活动的前提是构建一个存储所有业务、管理、技术和财务等类型数据的能力数据库作为管理和评价的平台，规划和构建这个数据库也是能力管理中的一项重要准备活动。由于针对的是系统能力管理，不涉及对管理者能力的评价。

参考答案

（66）A

试题（67）

在系统能力管理中，设计和构建能力数据库也是一项十分重要的工作。能力数据库既有输入数据，也有输出数据。下面 __(67)__ 不是能力数据库中输出的数据。

（67）A．服务和组件报告　　　　　　B．例外报告
　　　C．能力预测　　　　　　　　　D．财务数据

试题（67）分析

本题考查对IT系统能力管理的理解。

在系统能力管理中，设计和构建能力数据库是一项十分重要的工作。能力数据库既有输入数据，也有输出数据。针对输出，能力数据库主要提供与系统能力和性能相关的数据信息，供决策者和其他相关管理部门在其他管理流程中使用，这些信息主要以报告的形式提供。具体包括：

①服务和组件报告。每个基础组件都应该有相应的负责控制和管理的技术人员和负责整体服务的管理人员。生成的报告说明服务和相应的组件的运转性能和最大性能的使用情况。

②例外报告。例外报告在某一组件或者服务的性能不可接受时作为能力数据库的输出产生。

③能力预测。为了保证IT服务提供商提供持续可靠的服务水平，能力管理流程必须对未来的成长需求进行预测，必须具体对每个组件和每个服务做出预测。

财务数据是能力数据库的输入数据。

参考答案

（67）D

试题（68）

在信息系统评价中，信息系统经济效益评价的几种方法中，采用一种产品的价值（V）等于其功能（F）与成本（C）之比，即 V=F/C。这种方法称为__(68)__。

(68) A．投入产出分析法　　　　　　B．成本效益分析法
　　　C．价值工程方法　　　　　　　D．决策者评价法

试题（68）分析

本题考查信息系统评价的相关知识。

在信息系统评价中，信息系统经济效益评价的方法有：投入产出分析法，采用的是投入产出表，根据系统的实际资源分配和流向，列出系统所有的投入和产出，制成二维表做系统的经济分析；成本效益分析，即用一定的价格，分析测算系统的效益和成本，计算系统的净收益，以判断该系统在经济上的合理性；价值工程法，采用一种产品的价值（V）等于其功能（F）与成本（C）之比，即 V=F/C，体现价值是功能与成本的综合反应，信息系统要获得最佳经济效益，必须使得公式中的功能和费用达到最佳配合比例。信息系统经济效益评价的方法中没有决策者评价法这样的方法。

参考答案

(68) C

试题（69）

在信息系统评价中，确定评价对象后，需要设置评价项目，应组织成立评价工作组和专家咨询组，对系统进行评价。一个完整的评估项目组织结构不包括__(69)__。

(69) A．评估领导小组　　　　　　　B．评估执行小组
　　　C．评估程序员组　　　　　　　D．评估协调小组

试题（69）分析

本题考查对信息系统评价的理解。

在信息系统评价中，确定评价对象后，需要设置评价项目，应组织成立评价工作组和专家咨询组，对系统进行评价。一个完整的评估项目组织结构应包括：

（1）评估委员会。由具有多年信息系统评估经验的专家组成，依据评估执行小组所提交的所有关于受评估系统的证据，对受评估系统做出评价。

（2）评估领导小组。由评估机构领导成员和申请评估方的信息部门主管共同组成。评估领导小组的职责主要是审核受评估系统的各项测评评估计划和受评估系统测试计划。监督整个评估项目的进度并考察项目各个阶段点的成果，并对最终所形成的现场核查报告和综合评估报告进行审查，评价结果及结论的合理性。

（3）评估执行小组。进行具体的核查与测评工作，为系统评估提供足够证据，主要工作职责为制订信息系统测评计划、实施信息系统测评计划、制定信息系统测评报告、制定信息系统评估报告。

（4）评估协调小组。由申请评估方委派相关人员组成，该小组成员至少有一名具备一定的信息系统经验，同时具有一定组织能力的人员，能够在必要时有效调动其他部门人员。评估协调小组的主要工作职责是为评估执行小组准备必要的测试环境，为评估执行小组提供

必要的测试及核查条件，如提供合法账号、管理实施依据、安排会议地点等。

评估项目组织结构中不设评估程序员组。

参考答案

（69）C

试题（70）

信息系统评价中，系统改进建议是系统运行评价的最后一个环节，它是评价的最终结果，也是系统评价的成败所在。常见的系统改进建议有两类，评价小组根据系统开发说明书，结合实际运行过程中出现的问题和缺陷，提出更为有效的开发改进建议，生成系统开发说明书的建议，这类建议是__（70）__。

（70）A．系统修改或重构的建议　　　　B．系统开发说明书的建议
　　　　C．系统绩效评价的建议　　　　　D．信息系统投资决策的建议

试题（70）分析

本题考查对信息系统运行质量评价的理解。

信息系统评价中，系统改进建议是系统运行评价的最后一个环节，它是评价的最终结果，也是系统评价的成败所在。常见的系统改进建议有两类：系统修改或重构的建议，系统重构和设计彼此互补，重构可以补充"设计"的不足，评价小组根据评价的测评结果、开发过程中出现的缺陷和问题，对系统重构和修改提出相应的改进建议，生成系统修改和重构的建议书；系统开发说明书的建议，评价小组根据系统开发说明书，结合实际运行过程中出现的问题和缺陷，提出更为有效的开发改进建议，生成系统开发说明书的建议。

常见的系统改进建议里没有系统绩效评价的建议和信息系统投资决策的建议。

参考答案

（70）B

试题（71）～（75）

The Internet has changed dramatically from its origins．The Internet as we know it today is __（71）__ rapidly as the Internet of Things (IoT) takes over and impacts our day-to-day lives．Today, people interact with the Internet and cyberspace as part of normal day-to-day living．This includes personal use and business use．Users must now address __（72）__ of privacy data security and business data security．Security threats can come from either personal or business use of your Internet-connected device．Intelligent and aggressive cybercriminals, terrorists, and scam artists lurk in the shadows．Connecting your computers or devices to the Internet immediately __（73）__ them to attack．These attacks result in frustration and hardship．Anyone whose personal information has been stolen (called identity theft) can attest to that．Worse, __（74）__ on computers and networked devices are a threat to the national economy, which depends on e-commerce．Even more important, cyberattacks threaten national security．For example, terrorist attackers could shut down electricity grids and disrupt military communication．

The world needs people who understand computer security and who can __（75）__ computers and networks from criminals and terrorists. Remember, it's all about securing your sensitive data. If you have sensitive data, you must protect it.

(71) A. changing　　　B. impacting　　　C. exposing　　　D. expanding
(72) A. comments　　　B. issues　　　　C. availabilities　D. usabilities
(73) A. exposes　　　　B. protects　　　C. threats　　　　D. impacts
(74) A. Emergence　　 B. changes　　　C. attacks　　　　D. dependence
(75) A. isolate　　　　B. protect　　　C. address　　　　D. safe

参考译文

互联网自问世以来，已经发生了巨大的变化。随着物联网（IoT）对人们日常生活的影响，互联网正在迅速扩张。如今，人与互联网和网络空间的互动成为日常生活的一部分，既包括个人使用也包括商业用途。现在，用户必须解决隐私数据安全和业务数据安全问题。安全威胁可能来自个人或企业对互联网连接设备的使用。聪明而激进的网络犯罪分子、恐怖分子和骗子都潜伏在暗处。我们的计算机或设备一旦连接到互联网，会立即受到攻击。这些攻击会带来挫折和困难。任何个人信息被盗（称为身份盗窃）的人都可以证明这一点。更糟糕的是，对计算机和网络设备的攻击对依赖电子商务的国民经济构成威胁。尤为重要的是，网络攻击还会威胁国家安全，例如，恐怖袭击者可以关闭电网并破坏军事通信。

世界需要懂得计算机安全并能够保护计算机和网络不受罪犯和恐怖分子侵害的人。要记住，所有这一切都是为了保护你的敏感数据。因此，只要你有敏感的数据，就必须保护。

参考答案

（71）D　　（72）B　　（73）A　　（74）C　　（75）B

第10章 2022下半年信息系统管理工程师下午试题分析与解答

试题一（共 15 分）
阅读下列说明，回答问题 1 至问题 3，将解答填入答题纸的对应栏内。

【说明】
某营销公司为了便于对各地的分公司及专卖店进行管理，拟开发一套业务管理系统，请根据下述需求描述完成该系统的数据库设计。

【需求描述】
（1）分公司信息包括：分公司编号、分公司名、地址和电话。其中，分公司编号唯一确定分公司关系的每一个元组。每个分公司拥有多家专卖店，每家专卖店只属于一个分公司。
（2）专卖店信息包括：店号、店名、店长、分公司编号、地址、电话。其中，店号唯一确定专卖店关系中的每一个元组。每家专卖店只有一名店长，负责专卖店的各项业务；每名店长只负责一家专卖店；每家专卖店有多名职员，每名职员只属于一家专卖店。
（3）职员信息包括：职员号、职员名、专卖店号、岗位、电话、薪资。其中，职员号唯一标识职员关系中的每一个元组。岗位有店长、营业员等。

【概念模型设计】
根据需求阶段所确认的信息，拟设计的实体联系图（不完整）如图 1-1 所示。

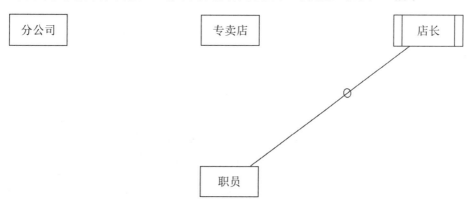

图 1-1 实体联系图（不完整）

【逻辑结构设计】
根据概念模型设计阶段完成的实体联系图，得出如下关系模式（不完整）：
分公司（分公司编号，分公司名，地址，电话）
专卖店（专卖店号，专卖店名，__(a)__，地址，电话）

职员（职员号，职员名，__(b)__，岗位，电话，薪资）

【问题1】（6分）

根据需求描述，图1-1实体联系图中缺少三个联系。请在答题纸对应的实体联系图中补充三个联系及联系类型。

注：联系名可用联系1、联系2、联系3；也可根据你对题意的理解取联系名。

【问题2】（6分）

（1）将【逻辑结构设计】的关系模式中的空（a）、（b）的属性补充完整，并填入答题纸对应的位置上。

（2）专卖店关系的主键：__(c)__和外键：__(d)__。

职员关系的主键：__(e)__和外键：__(f)__。

【问题3】（3分）

为了在紧急情况发生时，能及时联系到职员的家人，专卖店要求每位职员至少要填写一位紧急联系人的姓名、与本人关系和联系电话。根据这种情况，在图1-1中还需要添加的实体是__(g)__，图1-1中的职员关系与该实体的联系类型为__(h)__。给出该实体的关系模式__(i)__。

试题一分析

本题考查数据库系统中实体联系模型（E-R模型）和关系模式设计的知识及应用。

【问题1】

根据需求描述中的"每个分公司拥有多家专卖店，每家专卖店只属于一个分公司"可知，在分公司和专卖店之间缺少一个"拥有"联系，联系类型为1:*（一对多）。

根据需求描述中的"每家专卖店只有一名店长，负责专卖店的各项业务"可知，在专卖店和店长之间缺少一个"负责"联系，联系类型为1:1（一对一）。

根据需求描述中的"每家专卖店有多名职员，每名职员只属于一家专卖店"可知，在专卖店和职员之间缺少一个"管理"联系，联系类型为1:*（一对多）。

【问题2】

（1）根据需求描述中的"专卖店信息包括：店号、店名、店长、分公司编号、地址、电话"可知，专卖店关系模式中缺少"店长、分公司编号"属性，故空（a）为店长、分公司编号。根据需求描述中的"职员信息包括：职员号、职员名、专卖店号、岗位、电话、薪资"可知，职员关系模式中缺少"专卖店号"属性，故空（b）为专卖店号。

（2）根据需求描述中的"店号唯一确定专卖店关系中的每一个元组"，故专卖店关系的主键为"店号"；由于专卖店关系中的属性"店长"需要参照职员关系中的"职员号"，故"店长"为外键；分公司需要参照分公司关系中的"分公司编号"，故"分公司编号"为外键。

根据需求描述中的"职员号唯一标识职员关系中的每一个元组"，故职员关系的主键为"职员号"；由于"专卖店号"为专卖店关系的主键，故职员关系的外键为"专卖店号"。

【问题3】

为了在紧急情况发生时，能及时联系到职员的家人，专卖店要求每位职员至少要填写一位紧急联系人的姓名、与本人关系和联系电话。根据这种情况，在图1-1中还需要添加的实体是紧急联系人。由于"每位职员至少要填写一位紧急联系人",职员与紧急联系人实体的联系类型为 1:n。该实体的关系模式为"紧急联系人(职员号,姓名,与本人关系,联系电话)"。

试题一参考答案

【问题 1】

补充的三个联系及联系类型如下图中虚线所示。

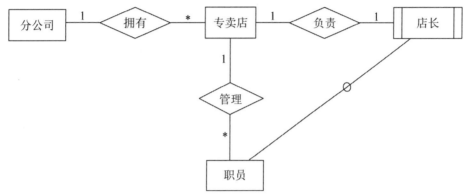

【问题 2】

(1)(a) 店长,分公司编号
　　(b) 专卖店号
(2)(c) 专卖店号
　　(d) 店长,分公司编号
　　(e) 职员号
　　(f) 专卖店号

【问题 3】

(g) 紧急联系人
(h) 1:n
(i) 紧急联系人(职员号,姓名,与本人关系,联系电话)

试题二(共 15 分)

阅读以下说明,回答问题 1 至问题 3,将解答填入答题纸的对应栏内。

【说明】

某医院为了更好地进行各种病案及疑难杂症的研究,拟在医院信息管理系统平台的基础上,研发一个医院病案管理子系统。经过招标,M 软件公司中标,该公司研究决定由张工担任项目主管。

【需求分析】

经过需求调研,项目组认为病案管理子系统的用户包括病人、护士、医生、管理员四类,子系统可由五个部分组成:病人基本信息录入与修改,病案录入与修改,病情查询与统计分析,报表输出和系统维护。

（1）病人基本信息录入与修改。输入/修改病人基本信息，查看病人基本信息。护士可以输入病人的基本信息（例如，病人第一次就诊时的基本信息录入数据库中）。

（2）病案录入与修改。医生可以输入/修改病人病历信息、处理医嘱（写处方、观察病人的要点）；护士可以执行医嘱（根据医生处方执行医嘱）、填写观察表，查询所有病人的病历信息，但是无权做出添加、修改、删除病人的病历信息等操作；病人只允许查看自己的病历信息。

（3）病情查询与统计分析。医生可以进行病情查询、病情统计分析。

（4）报表输出。对各科室普通病例、疑难杂症治愈率情况得分排名，年终医院根据考评结果调整分值给出排名通报等功能。

（5）系统维护。管理员可以备份/恢复病案数据库，对不同用户的角色进行权限管理。权限分为：病人、医生、护士、管理员。

表 2-1 病案管理子系统

序号	功能	序号	功能
1	输入/修改病人病历信息	7	输入/修改病人基本信息
2	备份/恢复病案数据库	8	处理医嘱
3	查看病人的病情	9	查看病人基本信息
4	执行医嘱	10	填写观察表
5	年终考评排名通报	11	治愈率情况得分排名
6	权限管理	12	病情统计分析

【问题1】（6分）

根据需求分析的结果，请将表 2-1 中序号为 1～12 的功能模块区分出来，分别归入以下（1）～（5）的模块中，并填入答题纸对应的位置上。

(1) 病人基本信息录入与修改：_____。

(2) 病案录入与修改：_____。

(3) 病情查询与统计分析：_____。

(4) 报表输出：_____。

(5) 系统维护：_____。

【问题2】（6分）

经过需求分析和项目组研讨，护士和医生角色的用例图①和图②如下，请根据题意将图中的空（a）～（f）补充完整，并填入答题纸对应的栏目中。

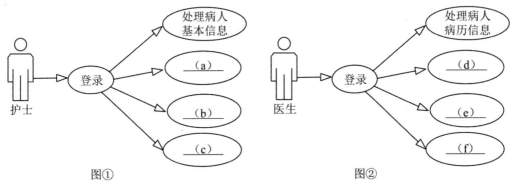

图①　　　　　　　　　　　　图②

【问题3】（3分）

病案管理子系统采用B/S模式，没有采用C/S模式。请问采用B/S模式与采用C/S模式相比有哪些优点？

试题二分析

【问题1】

根据题意，病案管理子系统由以下五个部分组成：病人基本信息录入与修改，病案录入与修改，病情查询与统计分析，报表输出和系统维护。

（1）病人基本信息录入与修改。该模块由两个子模块输入/修改病人基本信息、查看病人基本信息组成，故应填写7、9。

（2）病案录入与修改。该模块由四个子模块输入/修改病人病历信息、处理医嘱、执行医嘱、填写观察表组成，故应填写1、4、8、10。

（3）病情查询与统计分析。该模块由两个子模块病情查询、病情统计分析组成，故应填写3、12。

（4）报表输出。该模块由两个子模块治愈率情况得分排名、年终考评排名通报组成，故应填写5、11。

（5）系统维护。该模块由两个子模块备份/恢复病案数据库、权限管理组成，故应填写2、6。

【问题2】

根据题意，空（a）～（f）应填写的内容如下图所示。

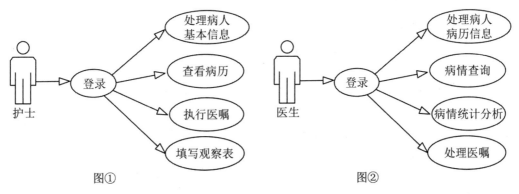

图①　　　　　　　　　　　　图②

【问题 3】
B/S 建立在浏览器上，可通过丰富和生动的表现方式与用户交流，开发成本低。B/S 由构件组成，方便构件个别更换，实现系统无缝升级，使系统维护开销减小，用户从网上下载自己安装即可。B/S 建立在广域网上，面向不同的用户群，地域分散，可随时随地查询、浏览，这通常是 C/S 无法做到的。B/S 与操作系统平台关系最小。

试题二参考答案
【问题 1】
（1）输入/修改病人基本信息、查看病人基本信息　或 7、9
（2）输入/修改病人病历信息、执行医嘱、处理医嘱、填写观察表　或 1、4、8、10
（3）查看病人的病情、病情统计分析　或 3、12
（4）年终考评排名通报、治愈率情况得分排名　或 5、11
（5）备份/恢复病案数据库、权限管理　或 2、6

【问题 2】
（a）查看病历
（b）执行医嘱
（c）填写观察表
（d）病情查询
（e）病情统计分析
（f）处理医嘱
注：（a）（b）（c）可互换；（d）（e）（f）可互换

【问题 3】
分布性强
开发简单且共享性强
成本低
维护方便

试题三（共 15 分）
阅读以下说明，回答问题 1 至问题 3，将解答填入答题纸的对应栏内。

【说明】
企业的 IT 资源是企业信息化的重要资源，可以将 IT 资源的配置管理理解为企业信息化的一个控制中心。通过了解企业 IT 基础架构的配置及运行情况来获悉一个企业的信息化建设程度。

在信息化工作中，企业 IT 人员将所有的软件、硬件以及各种文档，比如变更请求、服务、服务器、环境、设备、网络设施、台式机、移动设备、应用系统、协议等都可以称为配置项。企业所有配置项都保存在配置管理数据库中，并通过配置数据库中配置项的相互关系及其变化信息了解各类信息系统的运行状态。

请结合信息工作的具体实践情况，回答下列配置管理的相关问题。

【问题 1】（4 分）
　　简要说明硬件配置管理的要点。

【问题 2】（7 分）
　　（1）请简述软件资源（软件开发）管理中的文档管理要点。
　　（2）请简述使用盗版软件的危害。

【问题 3】（4 分）
　　进行企业网络资源管理，关键要识别企业有哪些网络资源。简要说明可识别的网络资源分为哪几类。

试题三分析

　　本题考查企业 IT 资源管理的相关知识及应用。企业 IT 资源管理包括对所有的内、外部资源进行识别和性能分析，实现资源的合理使用和部署；提供整体软件许可管理，包括复杂的数据库和分布式应用；提供合同与厂商管理，减少文案工作，简化谈判过程；进行相关财务分析，为业务环境提供适应性支持，降低操作环境成本等。

　　本题针对 IT 资源管理中常见硬件配置管理、软件资源的文档管理以及网络资源分类等信息系统工作中经常涉及的问题进行考核，要求考生有相应的 IT 资源管理的实践经验。

【问题1】

　　配置管理反映 IT 基础架构的现有情况以及配置项之间的相互关系。在配置管理中，最基本的信息单元是配置项，包括变更请求、服务、服务器、环境、设备、网络设施、台式机、移动设备、应用系统、协议、电信服务等内容。因此在硬件配置管理中，主要管理的要点包括：识别可以管理的硬件资源或者对象有哪些；对配置项的配置的修改和控制（基线管理）；如何对配置项进行维护，比如专人负责，定期清点和检测；硬件管理应该遵循的管理制度等。

【问题2】

　　（1）在整个软件生存周期中，开发人员需要对各种文档进行修改和补充完善，管理和维护文档对于发挥软件产品的效益非常重要。为避免文档管理出现差错，在文档管理中应注意以下几点：

　　①软件开发小组应设一位文档保管人员，负责集中保管本项目已有文档的两套主文档。两套文档内容应完全一致，其中一套可按一定手续办理借阅。

　　②软件开发小组成员根据工作需要在自己手中保存一些个人文档，一般都应该是主文档的复制件，并注意和主文档保持一致，在做必要修改时，也应先修改主文档。

　　③开发人员个人只保存主文档中与他工作相关的部分文档。

　　④新文档取代旧文档时，管理人员应及时注销旧文档，在文档内容有变动时，管理人员应随时修订主文档，使其及时反映被更新的内容。

　　⑤软件开发结束，文档管理人员应收回开发人员的个人文档，发现个人文档与主文档有差别时，应立即着手解决这些问题，产生这些问题是未及时修订主文档而造成的。

　　⑥软件开发过程中，可能发现需要修改已完成的文档，特别是规模较大的项目，对主文档的修改必须谨慎。修改之前应充分估计修改可能带来的影响，并且要按照提议、评议、审核、批准和实施等步骤加以严格控制。

（2）盗版软件是指非法复制有版权保护的软件程序，假冒并发售软件产品的行为。软件盗版有一套通用的判断标准，具体到特定的软件，需参考其最终用户许可协定（EULA）。

盗版者通常会对正版软件程序代码进行破解，在程序的代码中加入恶意代码（木马、病毒等），极易发生窃取用户信息、控制用户主机等安全事故。

【问题3】

企业网络资源是指企业网组网过程中涉及的计算机软硬件资源的集合，包括通信线路，即企业中各类主机之间进行通信的传输线路；通信服务，即企业网中提供各类网络服务的主机，包括主机中运行的网络操作系统，提供存储的介质以及文件及打印共享服务等；网络设备，即计算机之间的连接除了网络线路以外的中介设备，如交换机、路由器、网关等；网络软件，即企业网运行使用的网络控制软件、网络服务软件等。

试题三参考答案

【问题1】

（1）识别和记录相关的硬件设备，保存好相关设备资料。

（2）做好"基线管理"工作，对需求变更进行确认。

（3）专人负责，对设备进行定期的清点和检测。

（4）遵守硬件管理制度和条例，不外借或挪作他用。

【问题2】

（1）①专人保管，建立两套相同的主文档，一套可以按一定手续借阅。
②开发小组成员保存的个人文档应与主文档保持一致。
③小组成员只保存主文档中与其相关部分。
④新文档取代旧文档时及时更新主文档。
⑤主文档的修改需要按照程序进行控制。
⑥软件开发结束，及时收回开发人员的个人文档。

（2）①盗版软件是一种侵权行为，要承担侵权责任。
②盗版软件极易引发病毒、木马等安全事故。

【问题3】

（1）通信线路 或答 网络传输介质

（2）通信服务 或答 企业网络服务器

（3）网络设备 或答 网络互连设备，如交换机、路由器、网关

（4）网络软件 或答 网络控制、服务软件

试题四（共 15 分）

阅读以下说明，回答问题1问题3，将解答填入答题纸的对应栏内。

【说明】

某高校根据《某市信息网络安全大检查专项实施方案通知》精神要求，对本校的信息安全情况进行了自查。自查报告中自查基本情况摘要如下所示。

信息系统软、硬件台账与实物相符，相关管理人员责任与业务相对应。

本校实时业务系统 14 套，均配备灾备以及硬件防火墙。涉及服务器 36 台、存储7套。

数据机房的访问日志、操作日志记录完备。

信息管理的相关制度，比如日常运维安全制度、介质管理制度、人员离岗制度等均有执行落实支撑材料。

网络终端 200 个，部分终端未开启防火墙、安装的防病毒软件未更新。

网络线路不整齐、配线架接线凌乱等情况需要整改。

本校网站设有专人对新闻系统信息以及留言更新及审查，但存在页面被篡改的风险。

业务系统对入侵防范能力较弱，建议购买入侵检测系统并部署在网络中。

请结合本案例回答与信息安全相关的问题。

【问题1】（6分）

（1）本案例中的自查内容涉及哪几类安全管理措施？

（2）除了对信息安全进行自查，学校还可以采用哪些检查信息安全情况的方式或者手段？

【问题2】（5分）

请简要说明在网络中部署入侵检测系统（IDS）可以发挥哪些安全作用？

【问题3】（4分）

（1）通常骇客对网站信息的篡改主要采用的方式是什么？

（2）可以采取哪些技术手段降低此类安全风险的发生？

试题四分析

本题是从信息管理人员在日常工作中较为常见的信息安全检查工作着手，考查信息安全管理相关知识及应用，主要包括信息安全措施基本分类、常见网络安全设备基本作用、网站安全防护的相关知识等内容。要求考生具有一定的信息安全管理工作实践经验。

【问题1】

（1）信息安全最基本的保障是物理安全，必须与管理安全和技术安全一起实施才能实现。

物理安全是指在物理介质层次上对存储和传输的网络安全信息的保护，包括环境安全、设施设备安全、介质安全等三个方面。

技术安全是指通过技术手段对系统进行安全防护，使计算机系统具有容忍内部错误和抵挡外来攻击的性能。技术安全包括系统安全和数据安全两个方面。

管理安全是使用管理手段对系统进行安全保护，为计算机系统的安全提供制度、规范方面的保障。安全管理措施主要包括运行管理和预防犯罪两个方面。

本案例中所述的自查内容对物理安全、技术安全、管理安全均有涉及。

（2）学校可以采用的信息安全检查的手段还有以下几种：

①计算机等级保护，是指国家对秘密信息、法人和其他组织及公民的专有信息及公开信息和存储、传输、处理这些信息的系统分等级实行安全保护，对信息系统中使用的信息安全产品实行按等级管理，对信息系统中发生的信息安全事件分等级响应处置。进行计算机等级保护需要的流程是定级、备案、建设整改、等级测评、监督检查等。

②网络安全攻防演练，是以获取指定目标系统的管理权限为目标的攻防演练，由攻防领域经验丰富的红队专家组成攻击队，在保障业务系统稳定运行的前提下，采用不限攻击路径、不限制攻击手段的贴合实战方式，形成的有组织的网络攻击行动。攻防演练通常是真实网络环境下对参演单位目标系统进行全程可控、可审计的实战攻击，拟通过演练检验参演单位的安全防护和应急处置能力，提高网络安全的综合防控能力。

③专家安全测评，它是在定量和定性分析的基础上，以打分等方式做出定量评价，其结果具有数理统计特性。它通常是信息系统技术评价的一个方面，通常对系统的安全性评价包括保密措施的完整性、规范性和有效性，业务数据是否被篡改和被破坏，数据使用权限是否得到保障等内容。

【问题 2】

入侵检测技术是主动保护自己免受攻击的一种网络安全技术。作为防火墙的合理补充，入侵检测技术能够帮助系统对付网络攻击，扩展了系统管理员的安全管理能力（包括安全审计、监视、攻击识别和响应），提高了网络安全基础结构的完整性。入侵检测系统在防火墙之后对网络活动进行实时检测。

入侵检测系统可以实现的功能有：

①实时监视网络上正在进行通信的数据流，分析网络通信会话轨迹，反映出内外网的联网状态。

②通过内置的攻击模式数据库，能够根据网络数据流和网络通信的情况，查询网络事件，进行响应。

③根据相应的网络安全事件启动报警机制。

④提供网络流量统计功能，能够记录网络通信的所有数据包，对统计结果提供图形与数表显示，为事后分析提供依据。

⑤支持多协议以及特定主机的查看，提高网络安全管理质量等。

【问题 3】

（1）网页篡改指的是骇客通过技术手段拿到控制权限后对网站的内容及页面进行删、增、改。骇客进行网页信息篡改本质上是通过非法获取管理员账号和密码，或者是通过程序漏洞篡改数据库信息来实现。常见的攻击方式有注入攻击或跨站脚本攻击等。

注入攻击是骇客对数据库进行攻击的常用手段之一。在 B/S 模式下，当应用程序存在对用户输入数据的合法性判断漏洞时，攻击者可以提交一段数据库查询代码，根据程序返回的结果，获得某些敏感数据。

跨站脚本是一种安全攻击，攻击者在看上去来源可靠的链接中恶意嵌入译码。它允许恶意用户将代码注入到网页上，其他用户在观看网页时就会受到影响。这类攻击通常包含了 HTML 以及用户端脚本语言。

（2）防网页篡改的主要手段包括防护系统漏洞、网站日志监控、良好的上网习惯、加强网站密码管理、关闭未使用的服务器端口等。

试题四参考答案
【问题 1】
（1）①物理安全措施
②技术安全措施
③管理安全措施
（2）①信息系统等级保护定级
②网络安全攻防演练
③专家安全测评

【问题 2】
①监视数据流，分析网络通信会话轨迹。
②通过内置的攻击模式数据库，查询网络事件。
③根据相应的网络安全事件启动报警机制。
④提供网络流量统计功能。
⑤支持多协议以及特定主机的查看，提高网络安全管理质量。

【问题 3】
（1）通过系统漏洞获取管理员账号和密码或者篡改数据库信息，比如注入攻击或者跨站脚本攻击等。
（2）①及时更新系统补丁。
②安装防病毒软件。
③安装文件保护模块或防注入系统。
④完善日志管理，及时发现安全隐患。
⑤严格安全管理制度，不使用未经安全检测的移动介质或者访问无关网站。
⑥关闭未使用的服务器端口。
⑦使用动态密码。

试题五（共 15 分）
阅读以下说明，回答问题 1 至问题 3，将解答填入答题纸的对应栏内。
【说明】
某县级医院信息化建设经历了 20 多年的发展，不断在老系统之上升级迭代，先后上线 EMR（电子病历）系统和医生工作站、PACS（影像归档和通信）系统、LIS（实验室/检验科信息）系统。

在现有基础架构之下，该县级医院无法满足三级医院等级评审的要求，主要存在三方面的问题：
（1）功能缺失，无法满足等级评审的硬性条件。该县医院目前上线的功能较为简单，只能支持医院基本的诊疗流程，缺少很多评级必要的功能。
（2）信息化系统基础架构不合理。该医院过去采用的是大而全的基础架构，随着系统不断增加，系统维护的成本和难度越来越大、需求响应周期也越来越长。

（3）存在信息孤岛现象，难以实现互联互通。在大而全的基础架构下，模块分散、业务分割，存在信息孤岛现象，业务之间无法实现互联互通。

鉴于以上原因，该县医院信息化领导小组通过对新系统建设和原系统升级两类方案的优劣进行对比（表 5-1），并结合医院自身的需求，选择了新系统建设方案。

表 5-1 新系统建设和原系统升级对比表

项目	新系统建设	原系统升级
优势	克服传统架构的局限性，更好地支持医院的标准化管理目标	对医生护士来说，不需要花费太多的时间适应新系统
劣势	系统的实施周期较长，需要医生和护士投入更多的精力适应	传统系统存在架构限制，影响医院实现标准化管理目标

请结合信息管理的相关知识解答以下问题。

【问题 1】（4 分）

该企业新建系统有本地化模式或者云模式两种建设方式，请简要说明两种建设方式的优缺点。

【问题 2】（7 分）

新系统在投入使用、替换原有旧系统时需要制订一个详细的转换计划，请简要说明转换计划应该包括哪些要点。

【问题 3】（4 分）

针对本案例情况，对新系统的人员培训应包含哪些方面？

试题五分析

本题通过一个县级医院的信息系统升级案例，考查信息系统转换和系统用户培训的相关知识及应用，包括信息系统建设采用本地化模式与云模式优缺点、系统转换计划的要点以及人员培训方面的内容。

【问题 1】

随着信息化技术的发展，信息服务越来越趋于规模化、专业化，更多的企业将企业的信息化基础架构向云服务迁移。了解本地化与云模式的特点已经成为企业信息化人员应该掌握的基本技能。

本地化模式指的是将软件或应用程序安装在企业内部的服务器或计算机上，并由企业自己维护和管理。这意味着企业负责所有的 IT 基础设施，包括服务器、存储和网络设备。本地化部署需要公司拥有专业的 IT 人员来维护和管理系统，并且可能会产生较高的 IT 成本。优点在于企业应用个性化定制的程度高。

云模式是将软件或应用程序部署在云端，并由供应商维护和管理。这意味着用户可以通过互联网访问软件或应用程序，而无须在本地安装任何软件。云模式的优势在于用户无须拥有专业的 IT 人员，也可以轻松使用软件或应用程序，并且可以节省 IT 成本。云模式要求考虑数据传输的安全性以及线路的稳定性等因素。

【问题2】

系统转换的组织是一个较复杂的过程，必须根据详细的系统转换计划精确估计每一个步骤所需要的时间，并且根据依赖关系设定每一个步骤的先后顺序、并行关系，最终确定每一个步骤的内容、起止时间和责任人等。系统转换计划包括以下几个方面：

①确定转换项目。转换的内容软件、数据库、文件等与转换的方式相关联，不同的内容转换的方式、注意事项是不同的。

②起草作业运行规则。作业运行规则根据单位业务要求和系统功能与特性来制定，可以先根据业务人员和技术人员的讨论结果制定一个临时规则，在以后实践过程中随时进行修改。

③确定转换方法。转换方法分为直接转换、试点以后直接转换、逐步转换和并行转换等。

④确定转换工具和转换过程。转换工具可以使系统转换工作更有效率、更快地完成。转换过程是系统转换的重要部分，描述了执行系统转换所用的软件过程、设置运行环境、检查执行结果的过程。

⑤转换工作执行计划。转换工作执行计划是执行系统转换工作的一个具体的行动方面的计划，规定了在一定时间内需要完成的各项工作。

⑥风险管理计划。用于保证系统转换工作安全可靠地进行，包括对系统环境、数据迁移、业务操作、防范意外风险的计划与管理。

⑦系统转换人员计划。主要指在系统转换工作中人员的配置、协调、培训、管理等方面的计划。

【问题3】

新系统的人员培训的目的主要是使用户尽快了解系统性能，掌握系统软件的业务流程、数据流转规范等，用户培训的组织和实施对新系统的使用有重要的意义。

本案例中开展的用户培训，首先在培训的安排上应该分类开展培训，不同的岗位在培训内容上有所侧重。其次应该针对特定的条件、环境、工作任务开展角色扮演的培训模式，达成对新系统的适应能力的培养。

在培训中除了开展面对面的培训，还应该提供实时的线上培训指导，随时解决用户在使用用系统过程中的各类问题。

试题五参考答案
【问题1】

本地化模式的优点是可以根据用户需求高度定制。缺点是投入成本较大，后期运维难度较高，部署周期长。

云模式不需要自行建设机房、自行购买硬件服务、操作系统、数据库等基础设施，即投入少，系统配置灵活、扩展方便。缺点是定制化程度低，要更多地考虑线路的稳定性和数据传输的安全性等问题。

【问题2】

①确定转换项目
②起草作业运行规则
③确定转换方法

④确定转换工具和转换过程
⑤转换工作执行计划
⑥风险管理计划
⑦系统转换人员计划

【问题 3】
①培训应该分类实施，包括对部门管理人员的培训、使用人员的培训和系统维护人员的培训等。促进医院的各类人员高度重视并积极参与。
②采用角色扮演的模式，针对特定的条件、环境及工作任务进行分析、决策和运作，达成对新系统的适应能力的培养。
③加强在线的培训指导工作，及时解决系统上线以后出现的各类使用问题。